O MENINO QUE FALAVA COM CÃES

Martin McKenna

O MENINO QUE FALAVA COM CÃES

Tradução
Rosemarie Ziegelmaier

Copyright © 2015 by Martin McKenna
Todos os direitos reservados.
Tradução para a língua portuguesa © LeYa Editora Ltda., 2015
Título original: *The boy who talked to dogs*

Preparação: Renata Gonçalves
Revisão: Karinna Taddeo
Diagramação: André Cavalcante Gimenez
Capa: Ideias com Peso

Dados Internacionais de Catalogação na Publicação (CIP)
Angélica Ilacqua CRB-8/7057

McKenna, Martin
  O menino que falava com cães / Martin McKenna ; tradução de Rosemarie Ziegelmaier. – São Paulo: LeYa, 2014.
  220 p.

  ISBN 978-85-441-0218-3
  Título original: The boy who talked to dogs

  1. Comunicação homem-animal 2. Relação homem-animal 3. Biografia 4. Espiritualidade I. Título II. Ziegelmaier, Rosemarie

15-0176   CDD 636.0887

Índices para catálogo sistemático:
1. Comunicação homem-animal

2015
LeYa Editora Ltda.
Rua Desembargador Paulo Passaláqua, 86
01248-010 — Pacaembu — São Paulo - SP
www.leya.com.br

Para Lee, minha esposa, e nossos filhos incríveis – Siggy, Casey, Fintan e Marie. Para Sigrid, minha mãe maravilhosa, e para todos os cachorros maravilhosos que conheci na vida. Que eles continuem me ensinando novas lições. Estou pronto.

Sumário

Prólogo 7
Capítulo 1 – Dois cães e dez humanos 15
Capítulo 2 – Clima irlandês 31
Capítulo 3 – Sempre por último 41
Capítulo 4 – O esconderijo embaixo dos trilhos 55
Capítulo 5 – Garoto burro 77
Capítulo 6 – O celeiro de Padraig O'Rourke 87
Capítulo 7 – Forasteiros 95
Capítulo 8 – A Feira de Cavalos de Garryowen 107
Capítulo 9 – O encanto de Tige 123
Capítulo 10 – O líder supremo de todos os cães 133
Capítulo 11 – Resista ou desista para sempre 145
Capítulo 12 – Meu território 155
Capítulo 13 – Guerra suja 173
Capítulo 14 – Matéria bruta 187
Capítulo 15 – Cada vez mais selvagem 197
Capítulo 16 – De volta ao mundo dos humanos 203

Prólogo

Alguma coisa cobria o meu rosto, dificultando a minha respiração.

Levantei a cabeça, raspando as unhas no meu rosto como se fosse uma criatura selvagem. Porém, em vez de encontrar um fazendeiro furioso tentando me sufocar enquanto eu dormia, como eu tinha sonhado, vi que era somente uma grande e estúpida moita de feno, que deve ter caído no meu rosto enquanto eu dormia.

Meu nome é Martin. Naquela época, eu era um menino de rua irlandês com treze anos de idade, que vinha dormindo em celeiros por vários meses sem que ninguém percebesse, para escapar da chuva e do frio.

Pelo menos eu não estava sozinho. Seis cães tinham me adotado quando fugi de casa pela primeira vez e iam comigo aonde eu fosse. Nós tínhamos formado uma gangue sem rumo e éramos melhores amigos.

"Cachorros? Onde é que vocês se meteram?" Meus olhos vasculharam os montes de palha ao redor. *Ainda devem estar dormindo*, pensei. Quando faz frio, eles sempre se aninham bem no fundo. Lá no alto, notei alguns pingentes de gelo pendurados no teto de metal.

Pelo tom cinza perolado da iluminação, percebi que era madrugada; então, ajeitei-me outra vez e cobri meu corpo com uma camada grossa de feno, para espantar o frio. Minha respiração pairava no ar sobre o meu rosto, como se fosse uma névoa. Eu estava morrendo de fome.

Esfreguei a boca na manga do casaco e senti meu próprio cheiro. Que nojo! Depois de cinco meses naquela vida, eu definitivamente estava me transformando em um bicho. Não era de surpreender que os fazendeiros quisessem me perseguir com espingardas e porretes de ameixeira-brava: ninguém ia querer algo tão selvagem como eu rondando em suas terras.

Eu não era nada bonito. Magro como um caniço. Sujo. Orelhas de abano. Nariz comprido num rosto igualmente alongado. Olhos verdes atrevidos, sem nada demais, além de uma boca insolente que em geral me rendia boas pancadas.

O que me diferenciava instantaneamente dos outros garotos da área de Garryowen — além do bando de cachorros grudados o tempo todo nos meus calcanhares — era meu cabelo castanho sempre desgrenhado, que mais parecia pelo de rato. Minha aparência era um tanto medonha, o que era natural diante do fato de que há meses meu cabelo não via sabão, pente nem tesoura.

Minhas roupas eram um casaco de lona preta "emprestado" do varal de um quintal, o mesmo jeans encardido com o qual eu havia fugido e um suéter de lã amarelo e surrado, que recolhi de um saco plástico do lixão local. Ainda mais precioso, meu par de botas fora achado em uma soleira de porta em Garryowen. Só as tirei na noite passada, porque estavam apertando meus pés.

Estava procurando-as quando ouvi um ruído bem nítido. Congelei na hora.

Porra!

Era Sean Moss, fazendeiro psicopata e dono daquele celeiro. Ouvi seus passos na escada que leva até o sótão. Suas grandes botas afundavam no feno e suas mãos enormes e nodosas balançavam sua arma — um pesado galho de ameixeira-brava — em preguiçosos movimentos circulares no ar, com espinhos afiados como navalha soltando um horrível assobio. Os olhos dele congelaram nos meus.

"Você de novo!", ele rosnou. "Eu avisei o que aconteceria com você se voltasse a choramingar por aqui, moleque."

Não havia a mínima chance de tentar explicar que o forte temporal tinha nos prendido ali naquela noite. Que eu estava com tanto frio e tão encharcado que arrisquei me esgueirar para lá depois da meia-noite. Não havia pessoa viva no mundo capaz de negociar com Sean Moss quando se tratava de proteger seu precioso território.

De repente, ele atacou, erguendo bem alto o seu porrete. *Eita!* Felizmente, ele errou a pancada. "Onde estão aqueles seus malditos vira-latas?", urrou. "Sei que estão em algum lugar por aqui!"

Ao redor de mim, a palha explodia conforme meus cachorros subitamente despertavam. Eles correram para formar uma linha de defesa à minha frente. O latido deles era enlouquecedor.

Sean nos encarou. "Boa! Agora peguei todos vocês de uma vez." Ele levantou o porrete e deu um passo na nossa direção. Os cachorros latiam alto como tiros ecoando pelo celeiro.

Agachado na palha, chocado, observei meus cães. Eu os conhecia há meses, mas nunca os tinha visto daquele jeito. Com os dentes à mostra e pelos eriçados, eles permaneciam lado a lado, ameaçando Sean como se fossem os guarda-costas mais leais do mundo. Se Sean tinha a intenção de me machucar, teria de passar por eles primeiro.

Eles eram magníficos. O primeiro da fila, *Blackie*, um enorme e feroz terra-nova, estalava os dentes, com as pernas flexionadas e pronto para atacar. Ao lado dele estava *Mossy*, um springer spaniel de pelo malhado. Em seguida vinha *Red*, um alto foxhound ruivo e branco, depois, *Pa*, um labrador preto e gordo, e a sedosa skye terrier *Missy*. Por fim, havia *Fergus*, um terrier magrelo de focinho comprido. Eles eram os meus melhores amigos no mundo e estavam oferecendo suas vidas para me proteger.

Sean Moss agarrou seu porrete com força, relaxou os ombros e esperou. Sabia que tínhamos de passar por ele para chegar à escada. "Moleque doido!", gritou, berrando mais alto do que os latidos. "Você se acha muito esperto, não é? Só que nenhum de vocês vai escapar de umas pauladas desta vez!"

Sem avisar, ele saltou num movimento rápido.

Blackie tentou morder a perna do fazendeiro, mas foi lento demais. Sean golpeou-lhe na cabeça, e o grande cachorro tombou para trás, caindo do sótão. Ouvi o baque de seu corpo contra o chão de concreto, lá embaixo.

Meu coração bateu em falso. *O psicopata matou meu cão.* O porrete assobiou rente a meu ouvido no exato momento em que me esquivei. Ele ia me matar também. Todos nós tínhamos de dar o fora dali, e bem rápido.

Sean tentou me acertar na cabeça outra vez. Mergulhei para me livrar da paulada. A cada golpe perdido, a raiva dele aumentava.

Os cães trabalhavam como um time, tentando afastá-lo da escada, mas ele estava determinado a não nos deixar escapar.

"Estou farto de você e seus malditos cachorros tratando este lugar como se fosse seu hotel particular!", berrou, tentando acertar os animais que se enroscavam em volta de suas pernas. "Desta vez vou matar todos vocês!"

Só havia um jeito de escapar: avançar direto pela beirada do sótão.

"Comigo! *Agora!*", gritei para os cachorros e lancei-me pela borda do sótão, deslizando sob o porrete de Sean e caindo sobre um monte íngreme de feno. Os cães despencaram atrás de mim, numa avalanche de pernas e pelos.

Blackie, ainda de pernas bambas e com um olhar meio vago, esperava por nós lá embaixo. Não morreu, graças a Deus. Caímos em cima dele, desvencilhamos nossas pernas umas das outras e disparamos para a porta aberta do celeiro. "Não parem de correr!", berrei. Atrás de nós, Sean abria caminho escada abaixo. Felizmente, ele não estava armado com a sua espingarda. Os cães corriam ao meu lado pelo terreiro da fazenda. O chão estava congelado sob meus pés descalços e eu os sentia queimando. *Merda*, deixei minhas botas no celeiro. Assim que consegui pular o baixo muro de pedras que cercava a propriedade, olhei para trás para conferir os cachorros em disparada, espremendo-se para passar sob o portão. Juntos, atravessamos o campo congelado, os cães arfando durante o galope. Meus pés estavam dormentes. Os cachorros espalharam-se à minha volta, soltando latidos de alívio.

"Da próxima vez que pegar vocês invadindo aqui, vou atirar em um por um, ouviram?", o grito de Sean ecoou lá atrás.

Tá bem, tá bem. Você não pode nos machucar agora, seu psicopata idiota. Sean Moss era apavorante apenas enquanto nos mantinha encurralados no celeiro, nos ameaçando com aquele imenso porrete de madeira nas mãos. Lá fora, a céu aberto, ele parecia apenas patético.

Ergui a mão e acenei para ele, com insolência, mas sem parar de correr. "Até a próxima, Sean."

"Sabe de uma coisa, seu demente? Seu pai estava certo! Você é um merda que só dá problema! É tão inútil que nem ele quer saber de você por perto!"

Se havia uma guerra particular entre mim e meu pai, certamente não era da conta daquele bastardo. O orgulho me fez estancar a corrida. Virei-me para encará-lo. A insolência era uma velha amiga minha. O ponto fraco de Sean era o mesmo de qualquer valentão — tudo o que eu tinha a fazer era zombar dele. Coloquei a mão em concha no ouvido e berrei: "O que você disse, Sean Moss? Não consegui entender, seu velho pão-duro!".

"Você ouviu muito bem", ele gritou de volta, furioso. "Seu pai diz para todo mundo que você é um inútil, que nunca devia ter nascido e que ele nunca queria ter posto os olhos em você."

Meu pai me dizia coisas daquele tipo com tanta frequência que aquelas palavras não me afetaram. "É mesmo?", respondi. "Sabe o que é ainda mais engraçado? O que todo mundo em Garryowen fala de você. Dizem que você é o pão-duro mais miserável de toda a Irlanda." Não existe um irlandês vivo capaz de suportar um insulto como esse. Os olhos de Sean se esbugalharam de ódio. "Sean, é verdade o que dizem?", gargalhei. "Que toda noite você conta cada fio de feno antes de dormir? Nossa, isso é que é mesquinharia, hein?"

O rosto dele ficou vermelho. "Cala essa boca, moleque!"

O diabinho da provocação me atentou outra vez. Arranquei um talo de feno que tinha ficado preso nas minhas calças e ergui sobre minha cabeça, agitando-o no ar. "Ah, não! Olha só, Sean!", falei, fingindo preocupação. "Um precioso fio de palha que roubei daquele seu celeiro idiota. Que pena, acho que é menos um para você contar hoje à noite."

Os olhos dele estavam prestes a saltar do rosto.

Eu realmente estava acabando com ele — com um simples talo de feno. Pus a palha na boca e disse: "Olhe e chore, Sean. Você nunca o terá de volta!". Em seguida, comecei a engolir o talo. Mastiguei aquele estúpido e duro talo de feno como se fosse a refeição mais saborosa e elegante do mundo.

Os olhos incharam de tal forma que achei que a cabeça de Sean fosse explodir. Que idiota. Por que simplesmente não virou as costas e me ignorou? Continuei mascando alegremente, com meus olhos pregados nos dele. Por fim, passei as mãos sobre a minha barriga, com um ar de satisfação. "Hummm. Obrigado pela maravilhosa hospitalidade, seu velho sovina duma figa."

"Volte aqui", ele vociferou, "e a minha espingarda vai cuspir fogo e arrancar essa boca insolente da sua cara!"

"Tchau, Sean!" Com a minha autoestima restaurada, eu ri e pulei o portão para o campo vizinho. "Cachorros, cadê vocês? Podem vir agora." Meu assobio perfurou a alvorada.

Eles apareceram através de uma abertura na cerca-viva, com as patas cortando o ar e abrindo uma trilha de gelo pulverizado. Depois, enroscaram-se nas minhas pernas, ofegantes e contentes, aliviados por eu estar bem.

Eu me agachei, passei as mãos sobre seus pelos para tirar os flocos de gelo e fiz carinho em suas orelhas. Eles olhavam para mim, abanando o rabo e com a língua à mostra, animados como sempre. Havia tanta confiança em seus olhos que eu chegava a ficar assustado. Ninguém poderia ter uma turma de amigos melhor do que aquela.

"Parece que sobrevivemos juntos mais uma noite, não é?", eu falei, sorrindo para eles. Em seguida, saí em disparada. "Vamos. Estou morrendo de fome!"

Capítulo 1

Dois cães e dez humanos

Na década de 1970, as famílias irlandesas costumavam ser bastante numerosas e a nossa não era uma exceção. Formávamos um grupo grande na família Faul — dois cachorros e dez pessoas, na verdade. Na época, eu atendia pelo nome de Martin Faul.

A família era formada por Sigrid, nossa mãe, Mick, nosso pai, Major e Rex, nossos dois pastores-alemães, e oito de nós, crianças. Morávamos numa pequena casa semigeminada em Garryowen. Não na bela parte antiga do povoado, é bom esclarecer, mas em um conjunto de moradias instalado mais nos arredores. Se você procurar bem, o povoado de Garryowen fica perto de Limerick, uma cidade do sudoeste da Irlanda. Para mim, era o centro do universo.

Nossa família era tão grande que às vezes ficava difícil espremer todo mundo no nosso casebre, especialmente nos dias de tempo ruim. Sempre que chovia parecia que a casa encolhia um pouco, como acontece com uma blusa de lã colocada na máquina de lavar por distração. O lugar também ficava bem mais barulhento.

Dos oito filhos, quatro eram meninas e quatro, meninos. E, só para confundir ainda mais as coisas, entre os garotos havia trigêmeos idênticos — John, Andrew e eu.

Podia parecer muita gente, mas a família dos McManuse, do final da rua, tinha dezesseis filhos, assim como os Maloneys e os McNamaras. E havia famílias ainda maiores.

Major e Rex, os pastores-alemães, faziam parte da família tanto quanto nós, crianças. Eram enormes e peludos, com caudas espessas. Seus orelhões se moviam para todo lado, atentos, e as patas tinham o tamanho de pratos de sobremesa. Pareciam-se mais com lobos selvagens do que com bichos de estimação e assumiram a tarefa de ser nossas babás. Durante o dia, Major e Rex estavam sempre conosco, os trigêmeos, exceto na hora da escola. Quando os levávamos para passear, não tínhamos autorização de soltá-los das coleiras se puséssemos o pé para fora do quintal. Era uma das regras mais rígidas de nosso pai.

"Eles não são uma porcaria de brinquedo", dizia. "Por isso, quero os dois nas coleiras. Vou deixar em carne viva as costas do primeiro de vocês que andar com esses cachorros soltos." Ele me agarrava pelos cabelos para conferir qual dos trigêmeos eu era, procurando pela identificadora mancha branca da parte de trás de minha cabeça. E, apontando um dedo severo entre meus olhos, dizia "Especialmente *você*".

Embora os cães estivessem conosco fazia tempo, o dia da chegada deles permanecia inesquecível. Papai chegara em casa do trabalho, pedalando sua velha bicicleta preta. Ele dava aulas de direção no Exército e trabalhava nas proximidades do quartel de Sarsfield. De vez em quando, ele chegava com um saco dependurado no ombro, cheio de sobras de pão da suja cozinha do quartel. Em geral, colocava o saco em cima da mesa para a mamãe desempacotar, mas daquela vez ele depositou o volume no chão com cuidado e, então, conferiu o que tinha lá dentro. "Venham. Olhem só."

John, Andrew e eu abrimos caminho para verificar a novidade antes dos outros. De repente, o saco se mexeu e tombou para trás. "O que é isso?", assustou-se John.

Papai recostou-se na cadeira e acendeu um cigarro. "Descubram. Abram o saco para ver o que sai de dentro."

Mamãe entregou a ele uma caneca de chá e olhou para o saco com desconfiança. "Mick", ela disse com seu forte sotaque alemão. "O que tem nesse saco? É melhor que sejam os restos de pão que você prometeu."

Rastejamos para mais perto, abrimos o saco com cuidado e espiamos dentro. Dois filhotes fofinhos de pastor-alemão cambalearam para fora. Nervosamente, exploraram todo o chão da cozinha, farejando e nos encarando com seus grandes olhos. Suas orelhas enormes ficavam caindo e as grandes patas vacilavam.

Ficamos admirados. "Oba! Filhotes de cachorro!"

Mamãe esqueceu-se do pão e ajoelhou-se para passar a mão com suavidade sobre aqueles fofos dorsos negros.

Nós, crianças, nos empurrávamos, tentando desesperadamente chegar mais perto.

"Não esmaguem os bichinhos", resmungou papai. "E também não os peguem no colo", ameaçou. "Acabo com a mão do primeiro bastardo que se atrever. Quero que eles fiquem com as quatro patas no chão." Ele nos encarou. "E se acontecer alguma briga por causa desses bichos, vou bater na cabeça dos dois." Esse foi o seu modo de nos advertir que ele mataria os cachorrinhos com uma martelada. Sabíamos que aquilo era só uma brincadeira, mais ou menos. Ele ergueu sua caneca para mamãe, que sorria de orelha a orelha como uma garotinha. "Então é isso, Siggy", disse para ela. "Eles vão crescer e ficar fortes e bonitos, para cuidar de vocês. Vieram do canil do Exército. Os nomes são Major e Rex."

O sorriso de mamãe abriu-se ainda mais. "Obrigada, Mick. Eles são *marravilhosos*." Alegremente, ela foi buscar alguma coisa para alimentar os filhotes. E foi assim que Major e Rex se tornaram parte da nossa família.

***

Assim como os cães, todos nós, crianças, sabíamos quem administrava a casa — mamãe. Para nós, ela era uma princesa. Seu cabelo louro brilhante estava sempre belamente arrumado; ela tinha traços marcantes e perfeitos, e um metro e oitenta e dois de altura. Seus olhos, firmes, eram azuis. Caminhava pela nossa casa entulhada como se pertencesse à realeza nórdica.

Minha mãe tinha nascido no seio de uma abastada família de banqueiros de Frankfurt, mas sua vida mudou para sempre quando ela foi fazer um intercâmbio na London School of Economics. Foi lá, em Londres, que ela conheceu meu pai, que servia nas forças das Nações Unidas. Foi amor à primeira vista.

Muito determinada, ela resolveu que se casaria com Mick, aquele irlandês grande e selvagem, e foi o que aconteceu. O casamento parecia um estranho acordo internacional, como se a Alemanha se unisse à Irlanda e ambas as nações fossem viver num modesto conjunto habitacional em Garryowen. Houve fogos de artifício, mas também não faltaram lágrimas abundantes.

Algumas vezes, flagrei minha mãe olhando pela janela da cozinha, para o vazio. Será que ela estava pensando na Alemanha e em Frankfurt? Estaria imaginando a vida de conforto que tinha deixado para trás? Ela lançava o olhar sobre o ombro para mim quando eu me aproximava, sempre acompanhado dos cachorros, e parecia um pouco melancólica. "Minha família tinha pastores-alemães também", explicava, fazendo carinho nas orelhas dos animais. "Major e Rex me fazem lembrar da minha casa."

Papai era ainda mais alto do que mamãe. Era grande, também, não apenas fisicamente, mas de espírito. Onde quer que entrasse, preenchia o lugar até a borda com sua presença — e isso quando estava sóbrio. Se estivesse bêbado e chegasse a um local, pode ter certeza que era melhor sair de perto bem rápido. Na época, na Irlanda, beber muito era considerado uma "coisa de macho", e meu pai sempre foi tido como excepcionalmente viril.

Sóbrio, era um dos homens mais charmosos do planeta. No entanto, quando estava num dia ruim, podia ganhar medalhas olímpicas em embriaguez. "Mais um trago pela Irlanda", ele bradava, levando o copo cheio de uísque até a boca. Tomava tudo de um gole só, até a última gota, como se fosse leite.

Às vezes, era muito engraçado vê-lo bêbado — desde que a uma distância segura. Depois de gastar quase todo o dinheiro no *pub* do bairro, ele ziguezagueava pelo caminho de volta para casa. Não deixava de ser uma bela façanha, dada a quantidade de copos de cerveja Guinness, uísque, vinho do porto e conhaque que ele tinha entornado. Quando chegava na entrada da nossa casa, parava e recuperava o fôlego. Vagarosamente se balançando, tinha de lutar para enfiar a chave na fechadura da porta. De todos os lugares da casa dava para ouvir o barulho que ele fazia.

"Que inferno, o que há de errado com esta droga de chave maluca?", reclamava aos gritos, frustrado. No momento em que a chave finalmente abria a porta, quase sempre a culpa desabava sobre ele. Quanto dinheiro havia descido por sua garganta ao longo daquela noite? Quantas rodadas ele pagara para o pessoal do *pub*? Quanto do salário dele tinha evaporado?

Essas perguntas eram seguidas de uma mesma constatação surpreendente, pelo menos três vezes por semana. Balançando o corpo perto da porta, ele erguia os braços para o céu como Moisés. "O que esta família precisa é da merda de um controle de orçamento!" Sua voz ressoava pela vizinhança como a de um profeta. "Sei como economizar a porcaria do dinheiro. Esta família vai começar a aprender a desligar todas as porras das lâmpadas!" Balançava um pouco mais e berrava: "Tá me ouvindo, família?".

Finalmente empurrando a porta para abrir, cambaleava para dentro e percorria desajeitadamente a casa à procura de luzes acesas. Major e Rex acompanhavam tudo à distância, observando-o com cautela e preocupados com a barulheira e com toda aquela energia anormal. Mas papai permanecia alheio a eles.

Ele se inclinava sobre os interruptores e desligava um por um, como se fosse Deus apagando o mundo. Se alguém estivesse no cômodo, ele apontava o culpado com seu dedo trêmulo. "Tá pensando que aqui é o quê?", rugia. "A porra do Aeroporto de Shannon? Tem luz aqui o bastante para um maldito avião aterrissar no telhado. Apague essa luz antes que eu vá à falência!"

A essa altura, eu e meus irmãos e irmãs já estávamos sufocando os risinhos nervosos com as mãos. Sabíamos bem quando manter a boca fechada.

Se mamãe estivesse lendo na cama, ela apenas revirava os olhos e acendia a luz de novo, assim que ele saísse do quarto.

Missão cumprida, papai descia a escada tropeçando até desabar como uma avalanche em sua poltrona favorita. Lá ele flutuava num profundo sono de bom bebedor, com a cabeça pesando cada vez mais até que ele acabasse com o queixo sobre o peito, como um bebê exausto.

Com o fim do espetáculo, todos nós rumávamos em silêncio de volta para a cama e, um por um, adormecíamos. Isto é, todos menos eu. Lá em cima, na cama dividida com meus irmãos, eu ficava muito quieto, esperando que todo mundo caísse no sono. Meus dez dedos contorciam-se com ansiedade, aguardando impacientes que meu pai começasse a roncar.

Dedos travessos, todos eles ladrões natos. Sabiam exatamente onde havia um tesouro de moedas aprisionadas — moedas desesperadas para que eu as libertasse. O cárcere localizava-se nos bolsos das calças do meu pai. As calças que ele estava vestindo.

Assim que os roncos de papai começavam a trovejar pela casa, meus dedos começavam a coçar e a me empurrar cuidadosamente para fora da cama, conduzindo-me escada abaixo. Eles me faziam evitar os dois degraus que rangiam e me orientavam pelo corredor até a sala de estar. Aqueles dedos ignoravam totalmente meu coração, que batia no peito como algo selvagem que estivesse confinado.

Pense em todas aquelas adoráveis moedas, cantarolavam meus dedos.

Na verdade, meus dedos não paravam de me instigar até eu me postar de pé no limiar da sala de estar. Aterrorizado, eu ficava olhando aquilo. Papai estava iluminado apenas pela luz do corredor, mas eu podia enxergar o bastante para pensar duas vezes.

O tamanho dele era assustador, do comprimento de suas pernas até seus punhos em forma de marreta pendendo dos braços da poltrona. Enquanto eu era magro como um palito, meu pai media, descalço, um metro e noventa e oito e parecia um pacote de músculos, da cabeça aos pés.

Eu engolia em seco conforme meus olhos viajavam por toda a extensão dele até examinar a cabeça pendente sobre o peito. Nesse ponto, o bom senso em geral me advertia. O cérebro freneticamente rogava para os pés: *Desistam! Vamos embora agora! Perigo! Perigo!*

Infelizmente, meus dedos recusavam-se a escutar. Cheio de medo, eu encarava o rosto de papai a cada um dos silenciosos passos que me deixavam mais perto do bolso das suas calças. Eu ficava tão aterrorizado que meu coração vinha à boca. Meus ouvidos apuravam-se para captar quaisquer sons incomuns entre um e outro ronco vulcânico. Meus olhos permaneciam colados em seu rosto, atentos ao menor sinal de que estivesse prestes a despertar. Conforme eu rastejava para mais perto do alvo, eu me sentia como uma mola cada vez mais apertada.

O que mais me assustava no meu pai era o nariz dele. Certamente, tratava-se do nariz mais feio e desconjuntado do mundo, tão torto que parecia que alguém lhe tinha dado um chute no meio do rosto. Na primeira vez que li a história do João e o Pé de Feijão, o desenho do gigante adormecido na cadeira lembrou-me da imagem de meu pai.

No entanto, nem mesmo esse medo fazia meus dedos delinquentes desistirem. Eles coçavam, contorciam-se, ardiam, chegavam até a *doer* de verdade pelo anseio de tocar naquelas moedas escondidas no fundo daqueles bolsos. Lentamente, minha mão alcançava o bolso mais próximo e meus dedos escorregavam para dentro.

No meio de um ronco, a respiração de meu pai falhou, e seu narigão torto contraiu-se conforme ele começou a se mexer. Congelei e, sentindo algo atrás de mim, olhei por cima de meu ombro.

Major e Rex estavam de pé na entrada da sala, observando-me com atenção. Suas caudas peludas estavam baixas, balançando suavemente de um lado para outro. Eu sabia que eles logo saltariam sobre mim, latindo felizes, se eu não descobrisse um modo de pará-los. Se papai me apanhasse, eu estaria morto.

Olhei duramente para os cães e, com raiva, acenei com minha mão livre como se dissesse *Fora daqui!*

Os dois inclinaram as cabeças, curiosos.

Cachorros burros! Abanei minha mão para eles de novo e armei a mais feroz cara feia possível, com a intenção de afugentá-los.

Hipnotizados, eles se sentaram para continuar a observar.

Que vão para o inferno, esses dois.

Desesperadamente, meus dedos tocaram em algo. Inclinei-me para mais perto e deixei que eles deslizassem, suaves como cobras. Eles sentiram o lenço amarfanhado úmido e pegajoso, passaram com cuidado pelas chaves do caminhão do Exército e, de repente... *Eureca!* Meus dedos finalmente chegaram ao tesouro. Naquela noite o butim parecia bom. Ele não tinha torrado tudo em bebida.

Transferi as moedas, uma a uma, para meu bolso. Terminei aquilo antes mesmo de conseguir piscar. Enquanto eu empurrava os cães para fora do caminho, meus pés mal tocavam o chão.

Fee-fi-fo-fum, roubei um irlandês bebum, eu cantarolava por dentro. *Esteja ele vivo, esteja ele morto, agora tenho dinheiro para chocolate e cigarro.*

Voei escada acima e escorreguei de volta para a cama. Embora fosse proibido, levantei o cobertor e deixei Major e Rex rastejarem sob ele. Rolei de costas ao lado de Andrew, meu coração ainda batendo loucamente.

Na manhã seguinte, eu estava com Andrew e John na porta da loja da esquina do senhor McSweeney assim que ele abriu a porta. Sentindo-me um milionário, derramei teatralmente as moedas sobre o balcão. Para começar, compramos uma pilha de barras de chocolate.

"Vamos levar também três... não, quatro cigarros para cada um", falei alegremente para Andrew e John. "Ora, que diabos! Por que não *nove* cigarros para cada um?"

O senhor McSweeney pegou os preciosos cigarros sob o balcão e, furtiva e discretamente, empurrou para nós. "Bom, vocês acabariam fumando mais cedo ou mais tarde, de qualquer jeito", ele resmungou, enquanto seus dedos, felizes, recolhiam minhas moedas.

Com alguma relutância, observei aquelas lindas preciosidades deslizarem pelo balcão ao encontro de seu novo dono.

***

Em outras ocasiões, no entanto, meu pai bebia e o que acontecia depois não era nada engraçado. Nós percebíamos quais eram essas noites assim que ele chegava. O som da porta explodindo no batente balançava toda a casa, e ele marchava para dentro gritando. Eu mal entendia o que ele rugia porque estava ocupado demais me enrolando feito bola debaixo do cobertor e tapando meus ouvidos com as mãos, com toda a força que tinha.

Aquelas noites se transformavam em longas madrugadas, nas quais gritos ecoavam pela casa, seguidos de insultos, maldições e o barulho de pratos, copos e móveis se quebrando, enquanto nós, crianças, nos escondíamos como camundongos.

Andrew, John e eu normalmente nos encolhíamos embaixo da cama, abraçados uns aos outros, balançando como se fôssemos um corpo só. Às vezes, nós nos esgueirávamos escada abaixo, arriscando a vida para resgatar Major e Rex e arrastá-los pelas coleiras, para que não matassem meu pai. Juntos, nós cinco nos amontoávamos debaixo da cama, ombro a ombro.

Um rosnado profundo vinha das gargantas de Major e Rex quando o barulho se intensificava ou mediante um grito de mamãe. Nós segurávamos as coleiras com mais força e pedíamos que ficassem quietos. Chegando mais perto de seus corpos, afundávamos nossos rostos no seu pelo espesso e macio.

A tormenta só acabava quando o álcool finalmente dominava meu pai e ele adormecia. Assim que o silêncio se estabelecia, Andrew, John e eu rastejávamos pela casa com os cachorros em nossos calcanhares, procurando por toda parte até encontrarmos mamãe. Então, nós a abraçávamos com muita força, enquanto Major e Rex lambiam suas mãos, seus pés e qualquer parte do corpo dela que pudessem alcançar.

"Não se preocupe", dizíamos fervorosamente em meio aos abraços. "Tudo vai ficar bem."

"Sim", ela respondia sobre nossas cabecinhas. "Obrigada. Claro, tudo vai ficar bem agora."

A única coisa boa dessas noites era o terrível preço que meu pai tinha de pagar no dia seguinte. O carma fazia sua cobrança na forma de uma tremenda ressaca. Nenhuma vingança poderia ser mais cruel. Até eu ficava impressionado com a virulência de seu mal-estar. E, às vezes, quando ele acordava, eu era o único da família por perto. Ha, ha, ha! Muito engraçado.

Primeiro, seu corpo se contraía. Então, as pálpebras abriam-se em fendas mínimas. Ao primeiro contato com a luz solar, ele gemia profundamente — um som de alguém submetido a uma tortura. Por fim, sem mover a cabeça, os olhos dele começavam a vagar cautelosamente pelo ambiente em busca de ajuda. Com cuidado, ele tentava focar alguém — qualquer um — que pudesse socorrê-lo. E só encontrava a mim.

"Martin?", sussurrava, umedecendo os lábios devagar como um homem prestes a morrer de sede.

Eu sabia o que ele queria.

Nas manhãs de ressaca, meu pai seria capaz de trocar sua alma por uma caneca de chá escaldante. Em especial, se adoçado com dez colheres generosas de açúcar. Chá e açúcar eram a cura pela qual ele implorava.

"Martin?", murmurava outra vez, agonizante.

"Sim, o quê?", eu respondia, olhando com ar desinteressado.

Ele geralmente aparentava estar mais doente do que um cachorro moribundo, mas eu não conseguia varrer da memória os rugidos das ofensas dele e os gritos da minha mãe. Em uma dessas manhãs, encarei-o com frieza sem dizer nada.

"Pelo amor de Deus, Martin, uma xícara de chá para o seu velho", ele implorou. Seu aspecto era lastimável.

O diabinho sentado em algum lugar do meu ombro me cutucava. Sim, eu podia pensar em algo divertido para retribuir tudo o que ele havia feito na noite anterior. Ergui a cabeça, como se tivesse ouvido algo no outro lado da sala. "Espere um pouco. Será que tem alguém me chamando? Desculpe, pai, é melhor eu atender."

Seus olhos arregalaram-se. "Não", suplicou, desesperado. "Estou morrendo. *Uma xícara de chá* — é tudo o que peço. Vai, corre e prepara uma para mim, filho, *por favor*."

No melhor dos casos, meus pés hiperativos nunca paravam quietos, mas nessas situações eles praticamente sapateavam sobre o assoalho. Eles sempre se animavam quando sabiam que eu tinha de correr para salvar minha vida. *La-la-la*. Aquilo realmente estava começando a ficar divertido. Major e Rex apareceram na sala. Melhor ainda.

"O que esses malditos cachorros estão fazendo aqui?", choramingou meu pai, tentando soar bravo.

Alegremente, eu acarinhei os fortes ombros dos cães, que me responderam abanando o rabo. Hora de pôr meu plano em ação. "Olá, rapazes. Como vocês estão?", perguntei gentilmente, erguendo o tom de voz.

"Por favor", murmurou meu pai, cerrando os olhos. "O barulho. Ai, meu Deus, minha cabeça. Acho que vou desmaiar. Por favor, pelo amor de Deus, fale baixinho."

Erguendo a cabeça de novo, eu fingia estar captando os mais discretos ruídos. "Vocês também estão ouvindo a mamãe, cachorros? Tenho certeza que sim. É, é ela mesmo." O volume de minha voz aumentava a cada palavra que eu dizia.

Meu pai adivinhava o que eu estava prestes a fazer. Os olhos dele arregalaram-se de horror. "Não, por favor, não", pedia.

Mas era tarde demais. Minha vingança viria naquela manhã. Com toda a força dos pulmões, eu berrei: "Já vou, mamãe. Chego aí em um minuto!".

Major e Rex fizeram sua parte também, latindo tão esganiçadamente quanto podiam.

Meu pai segurava a cabeça com as mãos como se ela estivesse a ponto de implodir. Os olhos pareciam estar sendo espremidos de dentro para fora.

Eu voei para a porta conforme ele se catapultava da poltrona. Seus urros de raiva seguiam-me pelo corredor enquanto eu me lançava rumo ao portão da frente.

"Seu bastardo!", ele gritava. "Eu devia ter desligado a merda da incubadora quando você nasceu! Volta aqui, já!"

Eu continuei correndo.

"Volta aqui e me prepara uma xícara de chá antes que eu arranque sua pele!"

Engraçado, desde então, sou louco por uma boa xícara de chá.

✳✳✳

Claro, meu pai também tinha seu lado positivo, do contrário não teria tantos amigos. Nem mamãe teria se casado com ele.

"Ninguém me faz rir como Mick", ela costumava dizer. Uma das coisas que mamãe amava em meu pai era seu jeito de caçoar da seriedade germânica dela. Constantemente, ele a levava às gargalhadas. "Pare, Mick! Chega de me fazer rir tanto. Tenho *trrabalho* a fazer!"

Outras vezes, ele a deixava maluca com suas inesperadas brincadeiras, como na ocasião em que trouxe para casa um minúsculo gravador de fita cassete.

Sabendo que ela estava extremamente brava com ele por algum motivo — provavelmente por gastar as economias domésticas com bebidas, como era costume —, papai escondeu o gravador no bolso e o ligou assim que mamãe começou sua bronca.

Pela primeira vez na vida, ele não se defendeu nem inventou desculpas. Apenas se sentou à mesa da cozinha, tomando chá em silêncio e balançando a cabeça de vez em quando em sinal de humilde assentimento. Mamãe, claro, não fazia ideia de que estava sendo gravada.

Naquela manhã em particular, ela estava tão furiosa que parecia um Vesúvio à beira da erupção. Com frequência, nos impressionava o fato de a cabeça dela nunca ter explodido numa chuva de lava. Ela esbravejava e se enfurecia, berrava e gritava, enquanto papai capturava cada palavra no gravador escondido em seu bolso. Foi *realmente* um de seus arroubos mais intensos, tanto que os cachorros e nós, crianças, ficamos trancados do lado de fora da casa, deixando papai por sua própria conta.

Mas o melhor estava por vir.

Quando a fúria de mamãe entornava, ela podia levar horas até se recompor e voltar ao normal. Quanto mais ela se achasse certa, mais tempo demorava para se acalmar. Ao longo desse período de esfriamento, praguejava baixinho o tempo todo, batia potes e panelas enquanto cozinhava e varria a casa com a energia de uma possessa. Também podia limpar o fogão, o banheiro e a geladeira, sempre bufando pelas narinas como um dragão.

Nós conhecíamos a linguagem corporal dela nessas situações. Se seus lábios parecessem cerzidos de tão fechados, ela ainda se encontrava em estado semiexplosivo, de modo que era mais seguro dar um pouco mais de tempo.

Naquele dia específico, ela bufou no modo dragão por um intervalo maior do que o comum, mas à hora do jantar já se mostrava um pouco mais calma. Até serviu os pratos sem muito barulho ou rispidez. Ainda existia um pouco de raiva em seus olhos, mas tudo indicava que a tranquilidade seria restaurada assim que déssemos a primeira garfada na comida.

Enfim, o jantar estava servido. Ela nos deu uma boa olhada. "Hora de comer. Cachorros, fora. Crianças, para a mesa", disse em tom suave. "Por favor."

Dava para ver que ela ainda estava perigosa. Os cães saíram de casa, enquanto nós corremos para nossas cadeiras e sentamos mansos como cordeiros, cotovelos fora da mesa, costas retas, bocas fechadas como com zíper.

O olhar de mamãe, desconfiado, varreu cada um de nós antes de se voltar para o cozido sobre a mesa.

E o papai entrou.

Não dava para acreditar. Passeando languidamente pela cozinha, ele assobiava uma música alegre, como se estivesse alheio ao mundo.

De olhos bem abertos, observamos o trajeto dele até sua cadeira. Depois de se acomodar, mirou-nos com ar benigno. "A comida parece deliciosa, Siggy." E endereçou a ela um de seus mais charmosos sorrisos.

Nossos olhos dardejaram de volta para mamãe.

O talher dela parou no ar, suspenso sobre a travessa do cozido. Ela o encarou lentamente, com um brilho suspeito no olhar. "Hum", resmungou. Ao se voltar para o cozido, tinha um ar mais relaxado do que antes. Deu um longo e sonoro suspiro. O último resquício de raiva finalmente abandonava seu corpo. De fato, ela estava quase sorrindo ao levar a primeira porção de cozido aos lábios, enquanto observava todos nós.

De repente, do nada, um guincho cortou o ar. Era a voz de mamãe no volume máximo, rompendo o sossego em pedacinhos: "... e eu vou dizer mais uma coisa para você, Mick, você, seu *dummkopf* metido a besta, você bebe todo o dinheiro da família enquanto eu fico horas dando duro naquele hotel. É isso mesmo, enquanto eu faço hora extra para comprar coisas boas para as crianças, você não me ajuda nem a pagar as contas. Você é o maior preguiçoso que Deus já pôs neste mundo, e eu estou *canzada* disso!"

Com os garfos parados na metade do caminho até a boca, nós congelamos. Obviamente, era uma das travessuras de papai.

Mamãe o fitou, atordoada, o talher ainda estacionado à frente de seus lábios.

"Você é impossível, Mick Faul!", o guincho prosseguia. "Por que fui me casar com um *dummkopf* igual a você? Eu nunca vou saber! Lá em Frankfurt eu tinha um monte de homens ricos e educados, todos querendo se casar com uma mulher bonita e trabalhadora como eu."

Nossos olhos deslizaram para papai, na outra ponta da mesa. Ele mastigava seu cozido calmamente, como nunca tinha visto antes. Onde diabos ele havia escondido o gravador?

Nossos olhos voaram de volta para mamãe.

Ela estava muda, com a boca aberta. De súbito, pôs-se de pé. "Como você ousa fazer essa *coissa* vergonhosa comigo!? Desligue essa máquina *zá*!"

Havia duas Sigrids esbravejando ao mesmo tempo com meu pai.

Lá fora, os dois cães começaram a latir e a arranhar a porta da cozinha.

E quanto a Mick? Bem, imagine um homem num restaurante caro, ouvindo as *Quatro Estações* de Vivaldi enquanto saboreia sua refeição. Ele continuava inabalável.

Foi quando mamãe se mostrou um pouquinho psicopata. Seu inglês sempre desmoronava em seus rompantes de raiva, mas naquele momento era como se ela estivesse gritando garranchos. Certamente, não era nenhum tipo de inglês nem de alemão que eu tivesse ouvido antes. Desesperadamente, ela caçava o gravador por todo lado sem parar de berrar a plenos pulmões. Partiu para cima de papai, estapeando sua cabeça e seu peito com frustração e, conforme ele começou a gargalhar, nós, crianças, decidimos que era uma boa ideia dar o fora dali.

***

Num bom dia, mamãe se revelava um eficiente e tranquilo turbilhão de atividades. Ela gostava de ter a casa limpa e voava pelo ambiente a toda velocidade, recolhendo e lavando roupas, limpando os móveis, aspirando o pó e varrendo todos os cantos, até eu ficar zonzo só de observá-la.

Ela sempre punha música para acompanhar a faxina. Ela amava sinfonias e óperas, mas na hora do trabalho doméstico preferia ouvir marchas.

Enquanto toda a família se ocupava em ajudar a mamãe, eu ficava o mais perto que me atrevia da vitrola, a única coisa na casa que eu era absolutamente proibido de tocar, sob pena de morte. Extasiado, eu me perdia na música. Ainda que também me fosse vedado tocar nos preciosos discos de mamãe, eventualmente eu substituía a marcha pela sinfonia. Assim que a música começava, eu escalava uma cadeira e me punha a reger a orquestra com uma colher de pau.

Major e Rex sentavam-se para me mirar com espanto. *Que diabos você está fazendo agora, seu moleque doido?*

Além de dar conta de montanhas de serviço doméstico em casa, mamãe trabalhava por longas horas no Parkway Hotel, gerenciando o restaurante. Quando vinha para casa depois do turno da noite, sempre trazia alguma comida da cozinha do restaurante.

Depois de meia-noite, ouvíamos o pequeno Volkswagen dela chegando e saltávamos da cama, correndo para a cozinha como uma manada de elefantes. Explodíamos pela porta da cozinha e lá estava ela, cuidadosamente distribuindo a comida acondicionada em papel-alumínio nos pratos sobre a mesa. Major e Rex enrolavam-se em suas pernas, lambendo os beiços, com os olhos grudados em mamãe.

Em cada marmita de papel havia um prato diferente, de cheesecake a Steak Diana. Picles de cebola, tiramisù, macarrão, salmão, porco, batata assada, frango e torta de cogumelos. Qualquer prato conhecido acabava na nossa mesa da cozinha, envolto em papel-alumínio.

Mamãe sempre trazia dois pacotes especiais, com aparas de carne e ossos para Major e Rex, e os depositava no chão, perto da pia, para que eles se fartassem.

Feito isso, mamãe arrancava os sapatos de salto alto, acendia um cigarro e observava contente, enquanto devorávamos a comida. Minhas irmãs mais velhas revezavam-se no preparo de xícaras de chá para mamãe.

"Obrigada", ela dizia, grata, quando lhe entregavam uma xícara fumegante. "Está *marravilhoso*. É disso que eu precisava agora."

Em momentos como esse, o meu diabinho me soprava maus conselhos. O jeito mais fácil de obter a atenção de mamãe, algo que eu almejava desesperadamente, era enfiar o máximo de comida na boca, da forma mais repulsiva possível. "Eca", eu provocava. "O que quer que seja essa gororoba, é nojenta." E pegava mais comida na mesa para passar por cima dos cabelos de minhas irmãs.

"Pare com isso!", elas gritavam.

"Pare com isso!", Andrew e John apoiavam, socando-me as costelas, furiosos por eu estar irritando mamãe. "Por que você sempre tem que estragar as coisas?"

Até Major e Rex me olhavam com reprovação, sabendo que eu estava perturbando sua amada senhora.

No entanto, nada podia me parar depois que eu conquistava o centro das atenções. Continuava a fazer pouco da comida. "É, esse troço é mesmo no-jen-to!"

Mamãe ficava ultrajada. "Cale a boca!", dizia furiosamente. "Deixe de ser malcriado! Feche essa boca!"

Mais tarde, na cama, Andrew e John me batiam de novo por eu ter atormentado nossa pobre e exausta mãe. Eu rolava de lá para cá como uma bola, apanhando em silêncio porque sabia que merecia aquilo. Valia a pena conquistar a atenção de mamãe por alguns preciosos minutos, ainda que fosse pelas razões erradas. Mamãe me amava, claro. *Se ao menos eu não tivesse de dividi-la com tanta gente*, eu pensava.

"Por que você não foge de uma vez e deixa a gente em paz?", Andrew sibilou para mim em meio à escuridão.

"Você estraga tudo", sussurrou John, com raiva.

Capítulo 2

Clima irlandês

As palavras de Andrew revelaram-se proféticas. Um ano depois, quando eu finalmente fugi de casa, não demorou muito para me confrontar com meu primeiro grande obstáculo: *o maldito clima irlandês*. Tente viver ao relento num lugar onde chove o tempo todo. Duas semanas depois de pular a janela de meu quarto, eu me via caminhando ao longo da ferrovia nos arredores de Garryowen. Era difícil não sentir pena de mim mesmo.

Encharcado, batendo os dentes de frio, eu atravessava a pior das chuvas torrenciais em busca de lenha seca. Todos os ridículos gravetos que eu apanhara até então estavam ensopados. Eram inúteis.

Fechei os olhos. Por que a Irlanda não podia ser ensolarada como a Austrália, o Caribe ou a Califórnia? Tentei resgatar minhas últimas reservas de otimismo. "Vamos lá, Martin", eu disse entredentes, cuspindo chuva. "Finja que está andando numa praia tropical, e está tão quente que você está prestes a se esticar no chão para tomar sol." Uma rajada de vento me golpeou conforme a tempestade apertava. Nada feito — nem minha otimista imaginação funcionava sob aquele tempo nojento.

Nas duas semanas desde que havia fugido, passei a *odiar* a chuva. Era uma porcaria ter de lidar com aquilo. Como eu não conseguia me manter seco por muito tempo, minhas mãos foram se tornando estranhamente brancas e enrugadas, por causa da umidade constante. Meus pés pareciam ameixas pegajosas, úmidas e superdimensionadas — só que brancas. Meu suéter de lã estava se desmanchando lentamente sobre minha pele, como o macarrão que passa do ponto. Era impossível ficar seco, mesmo se tivesse outra roupa para vestir.

Como obviamente não havia lenha seca por ali, continuei caminhando pela linha de trem até meu esconderijo secreto. Era uma galeria de concreto que corria por baixo da ferrovia, como um minitúnel. Quando cheguei, despejei a lenha molhada que trazia sob o braço e cuidadosamente deslizei pela abertura da entrada. Espiei ao redor, antes de me abaixar e rastejar pelo túnel em forma de arco.

O lugar parecia sombrio e melancólico como nunca. A umidade vazava em raias pelas paredes. Pedaços de concreto tinham caído do teto, tão baixo que não me permitia ficar de pé. No entanto, não chovia ali, graças a Deus. Desde que fugi de casa, eu havia adquirido o hábito de falar sozinho. "Jesus, é solitário viver por conta própria."

Deixei a lenha molhada num canto e esfreguei o estômago quando uma feroz pontada de fome me rasgou por dentro. Por sorte, eu sabia onde havia algo quentinho para comer. Era apenas uma questão de driblar a vigilância da desconfiada mãe de um fazendeiro e me infiltrar em sua cozinha.

Respirando fundo, rumei rapidamente em direção à fazenda de Stevie Murphy. Não demorou muito e eu já estava me arrastando através de um buraco na galeria e, depois, sob uma cerca de arame farpado, para cruzar o limite da propriedade. Uma das vacas virou-se para me encarar, mastigando lentamente um tufo de mato.

"Para você é fácil", eu disse. "Quem dera eu pudesse pastar também."

Roubar comida sempre era a parte mais perigosa. Eu morria de medo de ser pego, pois os fazendeiros certamente chamariam a polícia. Num instante, eu estava sob uma janela da casa dos Murphys. Ergui minha cabeça para dar uma espiada lá dentro. Por conta de minhas incursões à procura de comida em toda a região, eu sabia que Stevie a essa altura estava trabalhando, enquanto sua mãe, a senhora Murphy, fazia compras em Garryowen.

Isso! Meus olhos detectaram o alvo de imediato. Como sempre, a senhora Murphy havia deixado um caldeirão de cozido apurando no fogão. Mas será que ela ainda estaria lá dentro? Essa era a questão.

Dane-se. Estava faminto demais para me importar. Bastava fazer um ataque rápido e sair correndo.

Galinhas e patos dispersaram-se com alarido ofendidos conforme eu corria para a porta da cozinha e a empurrava. O delicioso aroma do cozido da senhora Murphy atingiu-me como um feitiço. Minhas pernas bambearam, quase desmaiei. Peguei uma colher, destampei o caldeirão e meu nariz foi invadido por um cheiro incrível. Mergulhei a colher no molho espesso e levei-a à boca. Engoli em êxtase.

Era um cozido carnudo, cheio de batatas e cenouras. Enriquecido com ervas, cebolas e alho-poró. Sal na medida. "Dos céus!", gemi em voz alta, enquanto sorvia outra colherada. O calor espalhou-se direto da cabeça aos pés.

A senhora Murphy era uma cozinheira divina — e por isso eu vivia voltando para sua cozinha. Mas sabia que era melhor dar o fora antes que ela me pegasse. Achei um velho recipiente de plástico e rapidamente o enchi até a metade. Dei uma última cheirada no vapor aromático antes de fechar a tampa plástica. Vi um filão de pão caseiro na mesa da cozinha. Cortei uma generosa fatia e guardei-a sob meu suéter. Eu tinha um banquete para levar de volta ao esconderijo.

Ao correr de volta, provoquei nova revoada de galinhas e patos. Começava a chover de novo, mas não me importei. Nada me afetaria diante da perspectiva de saborear o cozido da senhora Murphy.

***

De volta à galeria, devorei quase metade do cozido de uma só vez. Mergulhava o pão até ensopá-lo no molho e então o engolia também. Quando finalmente parei para tomar fôlego, examinei quanta comida ainda restava. Bom. Ofegante de tanto comer, eu me sentia muito bem.

"Obrigado de novo, senhora Murphy. Foi demais", falei em meio ao silêncio sombrio. "Nota dez, no mínimo. Em um segundo, vou dar conta do resto."

Então, ouvi um gemido bem baixo.

Olhei em volta e pisquei. *Que estranho.*

Um springer spaniel estava sentado no túnel do meu esconderijo. Um pequeno macho de, talvez, cinco anos. Manchinhas ruivas sobre o pelo branco, com peito salpicado e engraçadas patas felpudas.

"Quem diabos é você?", perguntei. Eu não me importava de ter companhia, mas não estava a fim de dividir minha preciosa comida. Em especial, aquele mágico cozido da senhora Murphy. Olhei o cão com cautela. Ele estava péssimo. Ensopado, sujo de lama, com gravetinhos de amoreira emaranhados no pelo. Era tão magrinho que dava para contar suas costelas. Seus grandes olhos castanhos fixaram-se em mim enquanto ele farejava o ar, esperançoso. Sua cauda peluda balançou com hesitação, batendo contra o chão de concreto.

Olhei de volta para o recipiente que segurava junto ao peito. "Cai fora. Isto é meu."

Seu rabo se moveu com menos velocidade, por causa da frustração.

Armei uma careta, com a culpa me tornando mais grosseiro do que o habitual. "Vai. Dá o fora. Vá procurar sua própria comida!"

Suas orelhas caíram e ele começou a tremer.

Minha consciência me espetou. *Qual é, seu bastardo pão-duro! Dê alguma coisa para ele. Assim, quem sabe ele cai fora.* "Tudo bem, vai. Tome aqui um pouco do cozido", cedi. "Mas depois você dá o fora daqui." Eu teria de ser feito de pedra para negar comida a ele. Despejei uma parte do cozido no chão de concreto. Uma colherada, duas colheradas. Olhei para ele de novo, vi aquelas costelas lamentáveis e, com alguma relutância, lancei uma terceira colherada ao chão.

Ele avançou e começou a lamber o montinho de comida, a cauda abanando loucamente e as longas orelhas arrastando no chão. Em segundos, ele limpou a superfície de concreto e voltou o olhar para mim. Se aqueles seus olhos pidões pudessem se derreter um pouco mais, escorreriam de sua cara até o chão.

"De jeito nenhum", rosnei.

Ficamos nos encarando para ver quem cedia primeiro. O angelical spaniel pedinte contra o menino faminto de coração monstruoso.

Balancei a cabeça furiosamente, tomei o resto do cozido o mais rápido que pude e bati com o recipiente vazio no chão, irritado. *Jesus! Aqueles olhos dele disparavam flechas de culpa contra mim.*

O cão entrou em estado frenético. Arrastou o recipiente por todo o piso de concreto conforme lambia os restinhos, com suas orelhas balançantes caídas para os lados. Depois de alguns minutos, recolhi o recipiente e tirei do alcance dele. "Já chega, você só está lambendo plástico agora." Dei um tapinha no chão, chamando-o para perto, e, depois de hesitar um pouco, ele se aproximou, nervoso. Deixei que me cheirasse bem e, por fim, ele me deixou tocá-lo. Acariciei seu pescoço, seus ombros e removi alguns gravetos do seu pelo. Suas costelas aparentes me davam arrepios. "Você deve viver ao relento como eu. Também é um vagabundo rejeitado?"

Ele me tocou com o focinho gentilmente e ficou quietinho quando corri as mãos por sua pelagem sedosa e úmida. Parecia uma lontra, apesar da magreza. Com certeza, ele amava ser acarinhado nas orelhonas felpudas. Eu ri. "Você é como eu, não é mesmo? Só quer um pouquinho de afeto."

Ele lambeu minha mão.

Mais uma vez, um cachorro estava lançando sua magia sobre mim. Quando me ergui para mijar lá fora, ele me seguiu. Quando me arrastei de volta para dentro do túnel, lá estava ele grudado ao meu lado.

"Como vou chamar você, garoto?", perguntei, voltando a esfregar suas orelhas macias. "Você grudou em mim, mas não posso chamar você de 'Cola'. É um nome muito feio para um camaradinha tão legal como você." Pensei por um momento. "Que tal Mossy? Você é mesmo musguento, grudou em mim como musgo na pedra. É. Gostei. Mossy. O que você acha?"

Ele lambeu minha mão com carinho, batendo a cauda no chão.

Eu quase desloquei a mandíbula num bocejo quando a sonolência me varreu como uma onda. Tinha sido um grande dia. Apoiei as costas na parede de concreto e passei os braços em volta dos joelhos, para me manter aquecido. Algo esbarrou em mim. Ao olhar, vi Mossy transformando-se num círculo de pelo aconchegado contra minha perna. Depois de se acomodar, ele deu um suspiro profundo.

Eu sorri. Era maravilhoso ter um cão ao meu lado outra vez. Pela primeira vez desde que tinha fugido, não me sentia sozinho.

***

O rosnar de Mossy me acordou. Eu estava deitado de lado, com ele enrolado calorosamente contra meu estômago. Seus rosnados reverberavam na minha barriga.

Sentei, o coração acelerado. Quem era? Um fazendeiro? Algum andarilho esquisitão? A polícia? Assustado, fiquei olhando um enorme focinho preto abrir caminho através do túnel. Dois olhos alaranjados me fitaram. Captei um vislumbre do resto de seu corpo. Parecia um urso-cinzento!

Mossy pôs-se de pé, latindo com raiva. O focinho desapareceu. Com o coração batendo forte, rastejei atrás de Mossy enquanto ele descia o túnel até a entrada. Lado a lado, paramos e observamos lá fora. Não era um urso-cinzento. Era um cachorro. Um gigantesco cão macho. Um terra-nova, pensei, uma raça bastante rara em Garryowen. Tinha uma cabeçorra, com olhos de um alaranjado sujo que me encaravam sem piscar, enquanto ele mijava num arbusto. O mesmo arbusto que eu sempre usava, que atrevido.

Mossy latiu de novo e eu olhei em volta, alerta. Dois outros cães perambulavam pela clareira também, farejando todos os lugares em torno da entrada de minha galeria. Um deles era um mestiço de terrier de pelo duro, branco, com um longo focinho afilado coberto de pelagem incrivelmente frisada. Era hipnótico olhar para ele, em especial por causa do jeito engraçado com que se movia, como um brinquedo de corda. Tinha olhos escuros, alegres e vivazes, e orelhinhas em forma de V, com as pontas dobradas como um origami, que coroavam sua cabeça. Na verdade, ele parecia meio maluco. Naquele momento, ocupava-se de farejar os domínios, ziguezagueando por todo canto.

O último cão era um labrador preto e corpulento. Ele vadiava por ali, alheio ao resto de nós, o focinho grudado no solo. Rapidamente, localizou os restos de lixo que eu havia descartado desde que me instalei na galeria, e chegou a comer papel.

Ao meu lado, Mossy se incomodava. Ele não podia acreditar que aqueles três intrusos indesejáveis estivessem passeando por seu novo território. "Au, au!", latiu, indignado.

Antes que pudesse piscar, os três invasores investiram na direção dele. Congelei. Certamente, iriam trucidar meu amiguinho. Felizmente, Mossy deitou-se de barriga para cima e mijou-se todo, pedindo desculpas. Prendi a respiração enquanto eles o farejavam cuidadosamente. Os três cães simularam atacar Mossy algumas vezes para ensiná-lo quem dava as cartas por ali, mas a cada vez ele gania bem alto até os outros desistirem da agressão. Mais relaxados, eles revezavam-se de pé diante de Mossy, em pose dominante, fazendo-o esperar enquanto se exibiam. Por fim, os três olharam sobre os ombros e se deram o trabalho de reparar em mim.

"Caramba", eu disse com espanto. "Que diabos eu vou fazer com vocês, seus três malandros?"

Primeiro, eu tinha de escolher seus nomes. Como o labrador preto me lembrava um garoto conhecido meu, que vivia procurando por comida, dei-lhe o nome do menino: Pa. A pelagem negra do enorme terra-nova brilhava tanto sob a chuva que o batizei de Blackie. Quanto ao mestiço de terrier branco, optei por Fergus, um nome de que sempre gostei.

O pequeno bando estava crescendo: Mossy, Pa, Blackie, Fergus e eu.

***

Poucos dias depois, meus irmãos me surpreenderam em meio a um cochilo em meu esconderijo. John enfiou a cabeça por uma extremidade do túnel, enquanto Andrew fazia o mesmo no outro lado. Talvez estivessem me cercando, para impedir que eu escapasse. "Ei!", eles chamaram. "Martin!"

Acreditando que seriam atacados de todos os lados, os cães enlouqueceram. Atirei-me contra Blackie bem a tempo de agarrá-lo pelo pescoço, antes que saltasse para despedaçar o rosto de Andrew.

"Deixa!", gritei.

Meus irmãos ficaram de cara feia. "Quem é o dono de todos esses cachorros?", perguntou John. "E quando você vai voltar para casa?"

"Mamãe não consegue dormir à noite de tanta preocupação com você", acrescentou Andrew. "Ela chorou durante todo o jantar ontem à noite. Se não voltar para casa, você vai matá-la de tristeza."

Olhei de volta para os dois, teimoso. "Eu não vou voltar", disse. "Vou morar aqui até ter idade suficiente para ir embora e arranjar trabalho em outro país." Andrew e John encararam-me como se eu estivesse louco. "*O quê?*", John aproximou-se de mim, mais irritado do que jamais o vira. "Chega, você tem de parar com isso. Nós prometemos para mamãe hoje de manhã que o levaríamos de volta e é o que vamos fazer, mesmo se tivermos de arrastar você para casa."

"Não. Sou mais feliz aqui do que em casa. Gosto de viver com esses cachorros." Esfreguei as orelhas de Blackie. "Esta é a minha nova família."

Um rosnado baixo vibrou na garganta de Blackie. Ele odiava que alguém esfregasse suas orelhas e detestava mais ainda quando alguém o prendia pelo pescoço, mas eu não podia deixar que ele devorasse meus irmãos.

Eles olharam para os cães e, em seguida, para meu sombrio alojamento, com desgosto. "Não seja burro", disse John. "É claro que você não pode ficar aqui."

Liberei Blackie e pus-me de pé para empurrar meu irmão com força. "*Nunca* mais me chame de burro de novo." Virei para Andrew. "E você também." Pela primeira vez, eu estava enfrentando meus irmãos para valer. Eles ficaram chocados. Os cães começaram a rosnar, inquietos.

Senti como se deliberadamente estivesse cortando o fio invisível que nos conectava uns aos outros. Finalmente, rompia-se nosso vínculo de trigêmeos idênticos. Eu nunca mais seria o irmãozinho no qual eles podiam mandar.

Andrew, sempre pacificador, tentou acalmar as coisas. "Que merda, Martin, você não pode viver desse jeito. Você vai morrer congelado quando o tempo piorar."

Dei de ombros. "Não se preocupe com isso. Só ajude a mamãe a entender que agora sou mais feliz e que estou em segurança."

Uma hora mais tarde, quando finalmente perceberam que nada me convenceria, eles partiram, relutantes. "Você não vai durar muito tempo aqui fora", avisou John. "Logo, logo, vai voltar para casa."

Eu observei os dois indo embora, juntos. *Vou, é? É o que veremos.*

***

Poucos dias depois, os cães e eu caminhávamos pela linha do trem quando avistamos mais dois cachorros, que trotaram para a ferrovia ao nosso encontro. Meu bando e a dupla pararam e ficaram se estudando por algum tempo.

Um dos cães era alto — um foxhound malhado de vermelho e branco. Tinha um cabeção nobre, com focinho quadrado e longo e pernas musculosas. Ele nos observava com atenção. A seu lado, bem menor, havia um terrier com pelo prateado e sedoso, com uma mancha preta como se fosse uma sela sobre seu dorso. Uma fêmea, com patas minúsculas e corpo longo e elegante. Uma delicada franja caía sobre os olhos dela em duas ondas, enquanto suas orelhas eram cobertas por compridos fios macios. A cauda graciosa e felpuda estava metida entre as pernas traseiras. Ela estava claramente apavorada. Supus que era uma skye terrier e fiquei imaginando como alguém podia abandonar uma criaturinha daquelas nas ruas. Não admira que ela tenha se ligado a um bicho tão possante quanto aquele foxhound, a título de proteção.

Blackie quebrou o silêncio, latindo com ferocidade.

"Não precisa disso", eu disse com tranquilidade.

Instantaneamente, os dois cães fugiram pelo campo, com meu bando galopando atrás deles, latindo a plenos pulmões como se quisesse destroçá-los.

"Merda! Aqui, seus idiotas! Voltem!" Aterrorizado, corri no encalço deles. Não queria que machucassem aquela pobre terrier. Grossos espinheiros me impediram de seguir adiante. Fiquei ali, impotente, ouvindo meus cães se embrenhando na vegetação rasteira. Eles provavelmente perseguiam a nova dupla por um labirinto de trilhas. A pequena terrier gritou.

Seguiram-se horríveis rosnados e guinchos. Blackie certamente estava acabando com ela. "*Blackie!*", berrei. Aquele valentão ia arrancar pedaços da cadelinha e não havia nada que eu pudesse fazer por causa daqueles malditos espinheiros.

Então, aquela coisinha correu para fora do matagal. Graças a Deus, ela tinha sobrevivido. Meus cães vieram logo atrás, em desabalada carreira. Ela se pôs de barriga para cima, mijando em submissão, e permitiu que seu corpo todo fosse farejado pelos outros.

Furioso, caminhei até eles. "Seus desgraçados!", rosnei, estapeando o lombo de cada um dos meus cachorros. Eles me ignoraram e continuaram a farejar a apavorada terrier. "É melhor que você não tenha machucado o outro cão também", ameacei Blackie, com o dedo apontado para seu focinho. Nossa, às vezes eu o odiava. Blackie podia se comportar como um verdadeiro canalha diante de cachorros bem menores do que ele.

Houve um farfalhar no espinheiro atrás de nós, e logo o foxhound emergiu do mato. Ereto, ele marchou para a clareira como se estivesse prestes a enfrentar um pelotão de fuzilamento. Meus cães o cercaram, mas ele se manteve firme. Houve uma profusão de cheiradas, rosnados e até alguns ataques em falso até que, em pouco tempo, todos estavam se sacudindo, descontraídos.

Revirei os olhos com o coração ainda aos pulos. "Que inferno!" Tinha sido por pouco. Por que as brigas de cachorro afetavam tanto meus nervos? Talvez porque qualquer briga entre cães de rua pode se tornar mortal em questão de segundos, e não há muito que eu possa fazer para impedir que algum animal acabe morto. Eu me sentei e me forcei a relaxar porque eu sabia que os novos cães não chegariam perto de mim se minha energia não estivesse boa e calma. Minha paciência foi recompensada quando, enfim, o foxhound e a skye terrier vieram me cheirar.

De perto, vi que estavam muito magros. Difícil acreditar que aqueles belos animais tinham sido largados à própria sorte. Jesus, os seres humanos podem ser bem cruéis.

"Se vocês quiserem, podem se juntar ao nosso bando", falei. "Como é que devo chamá-los, hein?" Afaguei as orelhas do foxhound. "Você pode ser o Red. É um nome bom, sonoro, e combina com você, garoto." Ele se mostrava um pouco ressabiado, mas eu o entendia. Eu também ficava assim quando conhecia pessoas novas. "Você vai confiar em mim com o passar do tempo", disse.

Então passei a acarinhar as orelhas macias da pequena skye terrier. Ela parecia muito mais amistosa e aninhou-se entre meus joelhos, fitando-me com gratidão.

Ciumento, Mossy rosnou para ela.

"Sei, sei. Fique na sua, seu ranzinza", eu disse, tranquilizador. Esfreguei os ombros da cadelinha. "Quanto a você, querida, que é uma senhorita tão delicada, vou chamá-la de Missy."

Balancei a cabeça conforme subia de volta para onde estava a linha de trem. "Seis cachorros? Devo estar louco." Começava a me sentir como o flautista de Hamelin canino. "Vem, turma." Apertei o passo e olhei para trás, conferindo todos os cães trotando no meu encalço, ofegantes. Não pude deixar de sorrir.

Capítulo 3

Sempre por último

Vagando pelos campos com meus novos companheiros, às vezes eu pensava sobre as coisas da minha casa que me davam saudades e também sobre as que não me faziam falta. Antes de fugir, tenho de reconhecer, nosso lar era em geral bem caótico. Contudo, em certos momentos, podia se tornar o lugar mais romântico de Garryowen.

Mamãe amava ser mimada por nosso pai. Quando não estava com o Exército — nem bêbado —, ele costumava organizar noitadas divertidas em casa.

Sexta-feira à noite, por exemplo, era a Noite da Dança. Depois que o *pub* fechava, mamãe e papai chegavam em casa rindo e conversando, de braços dados. Lá em cima, na cama, nós ouvíamos os dois e sorríamos.

Em seguida, eles ligavam a vitrola e uma música suave espalhava-se pelos cômodos. Andrew, John e eu, na ponta dos pés, descíamos a escada e ficávamos lado a lado, de joelhos, escondidos atrás do sofá. Os cães nos rodeavam, curiosos. Nós cinco, então, víamos de olhos arregalados nossos pais dançarem lentamente na sala, ao som de Patsy Cline, Johnny Cash cantando "Folsom Prison Blues" ou Nat King Cole. Só suaves canções de amor.

Era quando nós os víamos mais felizes juntos. Na Noite da Dança, eles pareciam um par de glamorosos astros do cinema girando pela sala de estar. Nem mesmo eu ousava interrompê-los mas, em vez disso, ficava quietinho, assistindo com admiração. Naquelas ocasiões, era como se os dois estivessem cercados por um campo de força especial, que os mantinha protegidos e alheios do resto do mundo.

***

Sábado, por sua vez, era mais ruidoso porque era Noite do Cinema. Meu pai colocava o sofá de frente para a televisão, atribuindo lugares no tapete para cada uma das crianças e até para Major e Rex. Podíamos permanecer ali tanto tempo quanto aguentássemos manter a boca fechada. Eu me deitava entre Major e Rex e os usava alternadamente como meus travesseiros peludos.

Nós, crianças, sempre tínhamos duas atrações para assistir. Uma era o filme em preto e branco que passava na tela da TV e a outra, muito mais interessante, se passava ali no sofá — e meus pais eram os protagonistas.

Supostamente, seriam noites românticas para eles, mas creio que devia ser bem difícil relaxar com oito crianças e dois enormes pastores-alemães espalhados ao redor deles, de olhos bem atentos.

Mamãe e papai tinham lá suas preferências em termos de astros de cinema. Papai gostava de Gary Cooper, John Wayne e Clint Eastwood. No entanto, precisava se conter quando Cary Grant ou Gregory Peck estivessem em cena.

"Pfff", mamãe resmungava, os olhos grudados na tela. Depois de um instante, bufava de novo. "Mick, por que você não é chique como Cary Grant ou simpático como Gregory Peck? Os modos deles são *marravilhosos*."

"Ah", meu pai dizia, alisando a cabeça para destacar os fartos cabelos ondulados. "Mas eles não têm meu cabelo. É verdade ou não é, Siggy? Eles têm uma cabeleira incrível como esta?"

"Deixe de ser idiota", ela falava. "Boas maneiras são muito mais importantes do que cabelo."

Papai então fazia cócegas nela, até arrancar risadas a contragosto. "Tenho meus *trruques parra* fazer você rir", ele se divertia. "E não preciso de boas maneiras para isso."

"Não sei por que eu te amo, Mick", ela dizia, empurrando-o para longe.

Meu pai abria um largo sorriso, sem dizer nada, e arqueava as sobrancelhas de modo sugestivo.

"Pare com isso, Mick. Não na frente das crianças", ralhava mamãe, dando um tapa na mão boba dele.

"Mais tarde, então", ouvíamos meu pai sussurar no ouvido dela.

Mamãe não respondia, mas conseguíamos vê-la sorrindo pelo reflexo na tela da televisão.

Ela era como minhas irmãs. Amava pular e dançar ao som dos sucessos mais recentes, e gostava especialmente de Elton John, que às vezes aparecia no programa de TV "Top of the Pops". Papai se horrorizava. Recusava-se terminantemente a levantar e dançar esse tipo de música com mamãe.

"Vem, Mick. Tira esse traseiro preguiçoso do sofá. *Porr favorr*, vem, está tocando 'Crocodile Rock'."

"De jeito nenhum", resmungava, afagando Major. "Pode me chamar de antiquado, mas esse cara usa bota de salto alto e calças apertadas."

"Deixa de ser chato", mamãe respondia sem parar de dançar, os olhos fixos na telinha. "Cary Grant dançaria Elton John", ela provocava, olhando por cima do ombro.

"Dançaria uma ova", contestava meu pai, mas nunca em voz muito alta. Ninguém — nem mesmo papai — se atrevia a atrapalhar mamãe em sua dança.

Meus pais tinham um casamento bem incomum, mas não havia como negar que eram loucos um pelo outro.

* * *

Quando nossos pais estavam no trabalho, os oito filhos ficavam sozinhos em casa. Eu vivia arranjando problemas por deixar meus irmãos e irmãs quase loucos.

Quando John, Andrew e eu nascemos, mamãe pensou que seriam apenas dois gêmeos. Assim que a levaram para a enfermaria, porém, ela voltou a sentir contrações. As dores aumentaram tanto que as enfermeiras enfim perceberam que havia outro bebê ali, contorcendo-se dentro dela e querendo sair. Rapidamente, voltaram para a sala de parto e eu pulei para fora.

Ouvir essa história fazia com que eu me sentisse o intruso indesejado de nossa família. Mesmo em relação a meus irmãos gêmeos, aqueles trinta minutos de diferença entre nossos nascimentos pareciam ter o peso de trinta meses.

Nenhum trio de irmãos pode ter sido mais próximo do que Andrew, John e eu, mas, para ser honesto, formávamos o subgrupo mais competitivo de nossa família.

"Ter vocês, três garotos gêmeos, é como cuidar de uma maldita ninhada de cachorrinhos", reclamava meu pai. "Sempre brigando um com o outro. Agora, chega de briga ou vão todos para fora daqui!"

Verdade. Éramos como filhotes de cachorro. Discutíamos sobre tudo o que era dividido entre os três — o melhor lado da cama, o melhor par de sapatos, as melhores roupas, as maiores porções de comida em nossos pratos, o maior volume de leite em nossos copos, quem teria de cuidar dos cães — *tudo*. Por ser o menor, eu constantemente tinha de lutar, espernear e empurrar meus irmãos para assegurar meu quinhão, do contrário ficaria de mãos vazias. Às vezes, brigávamos por coisas imaginárias. Como na vez que, deitados na cama, lado a lado, ficamos olhando para o teto, jogando o que chamamos de "O jogo do bolo".

"Imaginem que alguém acabou de fazer um bolo de chocolate para a gente", começou John. Instantaneamente, imaginamos o maior dos bolos, flutuando no ar diante de nós. Até lambi os beiços.

"É claro que, se a gente fosse comer o bolo *agora*, eu ganharia a fatia maior", gabou-se John. "Porque sou o mais velho."

"Então, eu ficaria com a segunda maior fatia", emendou Andrew. "Que seria muito maior do que a sua, Martin, porque sou o segundo mais velho."

"Ah, é?", gritei, cansado daquela história de ficar sempre por último. "Então, eu *roubaria* o bolo antes que vocês dois acordassem e ficaria com ele inteiro só para mim!"

Andrew franziu a testa. "Você provavelmente faria isso mesmo. Por que você não pode tornar tudo mais fácil para todo mundo e aceitar que sempre vem por último porque é o *caçula*? Assim, a gente não brigaria tanto."

Os dois me olharam com curiosidade. Eu estava tão bravo que só consegui devolver o olhar.

"John e eu aceitamos nossos lugares na ordem natural das coisas. Por que você não aceita?", persistiu Andrew.

"Porque não dá para ser feliz quando você tem de ser *sempre* o último como eu!", berrei no volume máximo.

Eles me encararam em estado de choque.

"Não é à toa que estou sempre roubando as coisas! Estou cansado de ser o menos importante de toda a família!"

"Fechem a boca!", soou a voz cansada de mamãe, do outro quarto. "Sem briga. Tenham modos porque todos nós estamos tentando dormir. Estou avisando, por favor, calem a boca!"

"Ou eu vou até aí e faço vocês ficarem quietos", ameaçou a voz do meu pai.

Embora brigássemos muito, Andrew e John sem dúvida foram os meus melhores amigos humanos. Sempre tinham um olhar protetor sobre mim. John era o mais forte e durão. Eu fingia que ele era meu "minipai". Garoto muito popular, falava para os outros meninos da vizinhança que, se quisessem brincar com *ele*, teriam de brincar comigo também. Vivia me dando dicas para melhorar nos esportes.

Andrew era o mais responsável de nosso trio familiar. Eu costumava imaginá-lo como minha "minimãe". Sempre conferia se eu tinha me lembrado de pentear o cabelo, escovar os dentes e vestir o agasalho. Gastava horas me ajudando a ler e a escrever.

Quanto a mim, eu era o filho desobediente. Eles me davam broncas o tempo todo por roubar e irritar a mamãe. Cobravam que eu fizesse minhas tarefas. Como toda família, nosso trio tinha uma hierarquia rígida e, para meu azar, eu estava *sempre* no escalão inferior. Outra coisa horrível de ser trigêmeo idêntico é que eu sabia a cada segundo do dia como estava minha aparência, uma vez que vivia na companhia de duas réplicas minhas.

Sabia, por exemplo, das minhas orelhas de abano, do meu corpo franzino, de meus braços e pernas finos como varetas. Era como ter dois espelhos brutalmente honestos me seguindo o dia inteiro. Eu também sabia como era minha cara quando ficava confuso, abobalhado ou, pior, amedrontado. Às vezes, evitava olhar para meus irmãos por horas só para dar um descanso para meus olhos.

Meu pai tinha um jeito próprio de nos identificar. "Qual dos pirralhos é você?", dizia, agarrando aquele que estivesse mais perto pelo cabelo. Ele procurava a pequena mecha loira na parte de trás de minha cabeça que me tornava reconhecível no ato. Como quase sempre eu havia cometido algum erro, tornou-se um bordão a pergunta "Qual de vocês é o Martin?". Infelizmente, minha mecha sempre me denunciava.

Para o resto do mundo, eu sempre fui considerado em conjunto com meus irmãos. Ser trigêmeo idêntico pode ser mesmo infernal. Às vezes, parecia que John, Andrew e eu estávamos acorrentados numa jaula com um letreiro de néon piscante que dizia "Fiquem à vontade para apreciar estes três clones bizarros".

Tente repartir uma barra de chocolate com dois de seus clones brigando por cada milímetro. Aprendemos que o único jeito de assegurar justiça na divisão era segurar os cabelos uns dos outros na hora de dar a mordida. Quem se atrevesse a trapacear e morder mais do que devia, levava um tremendo puxão dos outros dois, na hora.

Às vezes, nossas brigas ficavam bem feias. Pelos motivos mais bobos, podíamos nos engalfinhar e rolar sobre o tapete da sala, distribuindo socos por causa de uma fatia extra de pão que um de nós abocanhara e quase engolira antes de ser impedido pelos outros dois. Era o bastante para deixar qualquer um maluco.

De longe, a pior coisa era o jeito como todos nos encaravam em público. Ficava paranoico ao caminhar com meus irmãos na rua principal de Limerick, seguindo a mamãe enquanto ela fazia compras. Mesmo nos dias mais movimentados, não havia uma só pessoa que não virasse a cabeça para nos observar com a boca aberta.

Eu tinha minha própria maneira de reagir. Quanto mais tempo as pessoas encarassem, mais eu me isolava em mim mesmo. Bloqueava todo o ruído externo até parecer que toda a cidade estava dentro de uma espécie de aquário gigante imaginário. Os sons da rua O'Connor ficavam estranhamente abafados, como se estivéssemos submersos na água. Todos os passantes pareciam estúpidos peixinhos dourados nos observando. Era meu jeito de lidar com todos aqueles olhares curiosos, mas às vezes não bastava para calar os comentários idiotas. E o pior deles vinha das mulheres:

"Aquela é a mulher alemã, você sabe..."

"Siggy, dizem que esse é o nome dela. Imagine vir ao mundo com um nome desses... Quando alguém chama por ela, parece que está pedindo um *cigarro*".

"Esquisitas aquelas três crianças iguaizinhas, não é? Quer dizer, todo mundo já ouviu falar dos *experimentos secretos* que Hitler fez durante a guerra, certo?"

"Por que ela não volta para a Alemanha, onde nasceu, e deixa a Irlanda para os irlandeses?"

Havia sempre uma menção adicional a mim, normalmente por causa de minha carranca raivosa.

"Olha, eu *definitivamente* não vou com a cara daquele que está no final da fila. Tem todo o jeito de ser uma peste, se quiser minha opinião."

Tentei devolver a encarada, mas os olhos delas eram afiados como navalha, e ainda havia muitas outras pessoas olhando para nós.

Em contrapartida, todos os homens de negócios de Limerick conheciam minha mãe por causa de seu emprego no restaurante do Parkway Hotel. Diferentemente das mulheres, eles a tratavam como uma princesa. O contador deixava seu escritório e vinha à porta toda vez que mamãe passava, arrastando-nos em seu rastro. Ele tomava a mão dela e a beijava, sob nossos olhares desconfiados.

"Bom dia, senhora Faul", pronunciava com correção — soando como *Fall* e não *Fowl*.

Era assim com o gerente do banco.

O mesmo ritual.

Com o açougueiro.

Com o médico.

Com o corretor da imobiliária.

Com os donos das grandes lojas.

No entanto, bastava um olhar para nós três, postados como pequenos monstros assassinos ao lado dela, para que parassem de cortejá-la tão ostensivamente.

Não que isso importasse. Para mamãe, não existia outro homem no planeta além de seu amado Mick. Ela o adorava com todo seu coração e sua alma.

***

Havia um único lugar em Garryowen onde meus irmãos e eu não éramos considerados aberrações — o campo de *hurling*.

Que diabo é isso, você se pergunta?

Ora, *hurling* é simplesmente o mais maravilhoso esporte inventado pelos antigos celtas. Alguns dizem que foi criado há quatro mil anos, outros garantem que era praticado pelos deuses celtas muito antes disso.

Meus irmãos e eu nos saíamos muito bem no campo de *hurling*, sem precisar nos esforçar. Toda nossa energia e habilidade convergiam num fenômeno incrível, que nos permitia fazer o que quiséssemos com aquela bolinha de borracha revestida de couro. Éramos os heróis da Associação Atlética Gaélica de Garryowen, também conhecida como AAG. Todos vibravam e aplaudiam quando marcávamos pontos.

Claro, havia muitos jogadores magníficos e talentosos em nosso time. Alguns descendiam de antigas linhagens familiares ligadas ao jogo, e cada geração transmitia suas habilidades e conhecimentos para a seguinte.

Grandes partidas semanais aconteciam no campo de esportes gaélicos perto do acampamento cigano de Rhebogue, em Garryowen. Havia quatro treinadores adultos: Jack Sheehan, Paddy Quilligan, Brendan Reddan e Viviane Cobb. Sua missão consistia em decidir a posição que cada jogador ocuparia. Isso resultava em muitos cigarros baforados, tensão e troca de palavras duras antes da partida. Eles levavam o jogo muito a sério.

"Melhor pôr Derec Power atacando pela direita porque ele é canhoto e vai confundir a defesa por aquele lado", opinava Jack Sheehan, mestre em tática e treinador principal.

Enquanto isso, uma batalha diferente se desenrolava entre nós, os garotos. Antes de cada partida, acontecia a costumeira luta por sapatos e para ver quem ficaria com os tacos menos estragados. Havia quinze jogadores no time, mas não o suficiente número de tacos em bom estado. Nós detonávamos a maioria deles, e o St. Pat's nunca foi um clube rico.

Eu sempre chegava atrasado e invariavelmente descalço, porque esquecia minhas meias ou sapatos — ou ambos.

"Assim não pode ser. Não vou deixar você jogar descalço", dizia Jack, tentando não entrar em pânico. Ele rapidamente vasculhava ao redor até seus olhos caírem sobre algum pobre menino.

"Você aí! Dê seus sapatos para o Martin. Ele joga melhor do que você. Nesta semana, você vai ficar na reserva."

O garoto empalidecia. "Mas minha mãe comprou esses sapatos novinhos para eu jogar na..."

Mas Jack era implacável. Vencer significava tudo. "Cala a boca. Você vai ser reserva nesta semana." Segundos depois, ele voltava. "E ele vai precisar das suas meias também. Bom menino — isso sim é que é o espírito celta."

O *hurley*, ou o taco, é parecido com aquele que se usa para jogar hóquei, mas com uma pá curva maior e mais plana. É preso com tiras de metal que cortam como o inferno quando atingem alguém. No entanto, nas mãos de um atleta talentoso, o taco se transforma de uma feia peça de madeira em algo mágico. O jogo ganha graça e beleza quando a bola — que chamamos de *slitter* — voa pelo campo em alta velocidade.

É fascinante ver grandes jogadores de *hurling* em ação. Seus pulsos se movimentam com a velocidade de andorinhas caçando insetos. A bola é rápida — cruelmente rápida.

Uma partida habitual dos Saints era assim. Primeiro, nossos treinadores reuniam-se num canto, de costas para nós, fumando furiosamente, praguejando e discutindo. Eles punham cada decisão final em votação, rapidamente. Então, Jack lia em voz alta a escalação titular para nós, entre lamentos e aplausos.

"Derec Power, Roger O'Mahoney, Peter Muldoon, Eamonn Wallace, Tony Dawson, Tony Maloney, Shane Higgens, Pa Mullins, Jim McNamara, James Power, Seamus Downes, Peter Sheehan, Andrew Faul, John Murphy, Neil O'Brien, John O'Neil, John Faul, John Bailey, Martin Faul e Rory O'Sullivan."

Em seguida, formávamos uma grande roda para ouvir a empolgante preleção de Jack.

"Agora, rapazes! Este é o jogo decisivo do torneio sub-12, pelo qual vocês vão dar a vida!"

Nós coçávamos a cabeça — vamos mesmo?

"*Mas*", Jack erguia o dedo para nós. "*Mas* vamos respeitar as regras. Lembrem-se, vocês têm de batalhar com honra e *sempre* fazer a coisa certa para orgulhar a nossa camisa." Ele se referia ao uniforme dos Saints, verde como a bandeira irlandesa. Àquela altura, ele parecia Michael Collins inflamando seus homens para a luta. "O plano é o seguinte. Vamos jogar com raça, mas limpo. Entenderam? Vocês são meus guerreiros de Garryowen. Lá no campo vão fazer uma grande batalha contra nossos inimigos."

De repente, sem nem se dar conta, ele estava deixando Michael Collins para trás e assumindo um tom cada vez mais passional e sedento de sangue, como se fosse um poderoso líder tribal celta. "Vamos lutar até o fim contra aquela porra do time de Claughaum! Você ouviram? É uma questão de *vida ou morte*! Então, vamos lá! Vamos massacrar aqueles desgraçados!"

Nós berrávamos a plenos pulmões em concordância, prometendo arrasar nossos inimigos. Era impossível não ser um pouquinho sedento de sangue num jogo de *hurling*. É um esporte coletivo que realmente se assemelha a uma batalha, na qual o taco é a arma e a bola é como a cabeça decepada do inimigo, que tem de ser lançada rumo ao gol.

Os Saints possuíam um núcleo duro de torcedores, que sempre aparecia para nos prestigiar. Entre eles, nosso favorito era Christy Flynn, que sempre dirigia sua velha kombi até a linha lateral e ligava o toca-fitas a todo volume para nos ensurdecer com Jimi Hendrix. "Vai, Saints!", urrava Christy pela janela da kombi. "Vamos acabar com esses bastardos de Claughaum!"

Os jogadores fumantes do time aglomeravam-se em torno de Christy para filar alguns cigarros antes do jogo.

"Que vergonha! Esse homem está distribuindo cigarros para os meninos", espantou-se uma chocada mãe na torcida de Claughaum. "Vou prestar uma queixa oficial."

"Ah, vá se foder", xingou Andrew, enquanto passava por ela, acendendo o seu cigarro.

Sete ou oito pais chegavam para apoiar os Saints e começavam a torcer ruidosamente conforme a tensão se intensificava ao redor do campo. Os treinadores davam um jeito de nos arrastar para longe da kombi de Christy, guiando-nos para o campo quando o árbitro sacava o apito do bolso.

"Joguem fora esse cigarro, agora!", ele gritou para nós.

"Merda, fica na sua, cara", reclamou Christy, soprando fumaça pela janela.

O time visitante de Claughaum marchou para dentro do campo. Diferentemente de nós, eles envergavam belos uniformes claros, tinham o cabelo bem cortado, meiões esticados impecavelmente até a altura certa e os cadarços atados em nós duplos, conforme manda a regra. Eles ficaram de pé, perfilados e organizados. Seus tacos reluziam, bem polidos, e pareciam novinhos em folha.

Momentos depois, nós, os desmazelados Saints, também tomamos posição, encarando ostensivamente nossos adversários, prontos para o apito inicial.

Christy gritou de sua kombi e aumentou ainda mais o volume do som, para que a fúria de Jimi Hendrix alcançasse nossas almas penadas.

O árbitro soprou o apito, a bola entrou em jogo e *pronto*! O ancestral jogo celta tinha início com o choque violento dos tacos.

A partida foi animada. A torcida gritava de euforia com nossos pontos, rosnava de raiva com nossos erros e vaiava e xingava mediante qualquer sinal de jogo sujo. No intervalo, corremos para filar mais uns cigarros de Christy. Então, o apito soou outra vez, fazendo a partida pegar fogo até o último minuto. Ganhamos! Saímos cambaleando do campo, mortos de cansaço.

A essa altura, meu coração estava prestes a estourar e eu lutava para puxar o ar para os pulmões. Cada centímetro de pele de meu corpo doía, mas o que mais esperar depois de uma hora debaixo de pancadas de tacos de madeira com tiras de metal?

Chegava agora o melhor momento do dia — a comemoração.

Depois da partida, seis dos mais experientes bebedores do time correram para o *pub* local, o infame "A1 Bar". Sempre havia alguém por lá disposto a nos vender, por baixo dos panos, uma garrafa de cidra Bulmer's.

Havia a imagem de um pica-pau no rótulo e, Deus do céu, como aquilo nos deixava tontos!

De sobremesa, nós dividimos mais um maço de cigarro que algum de nós tinha conseguido pegar de algum adulto.

Com os efeitos do cigarro e do vinho de maçã, rememorávamos os melhores momentos da partida. Sim, nos domingos após o jogo sempre havia uma imensa *craic*, que em gaélico significa diversão intensa.

Tarde da noite, Andrew, John e eu voltamos para casa, extasiados com nossa vitória, e fomos para a cama, exaustos. Eu me deitei ao lado deles, acabado, porém em paz. Nós éramos companheiros leais, colegas de time e irmãos. Eu estava quase caindo em um sono feliz quando ouvi o ruído pesado de passos na varanda em frente à nossa casa.

Tum ... Tum ... Tum.

Devia ser meu pai voltando do *pub*. Ouvi quando ele conseguiu abrir a porta e subiu as escadas ameaçadoramente.

"É você, Mick?" minha mãe perguntou, sonolenta.

Quando a tempestade eclodiu e ganhou força no quarto deles, Andrew, John e eu nos escondemos embaixo das cobertas. Depois de um tempo descemos as escadas e fomos até o depósito de carvão, cobrindo os ouvidos com nossas mãos e escondendo nossos rostos na pelagem fofa de Major e de Rex. Qualquer coisa que nos afastasse daquela barulheira horrível que vinha do andar de cima.

***

Na manhã seguinte, nossa mãe se recusava a falar qualquer coisa negativa sobre Mick.

"Mas ele não deveria fazer isso com você", disse Andrew.

"O marido é meu e vocês não têm nada com isso", ela decretou. Em seguida, afundou as mãos na pia e esfregou a louça com violência. Nós saímos da cozinha, totalmente confusos.

No mesmo dia, mais tarde, ela recebeu uma de suas encomendas favoritas trazidas pelo correio — um pacote de comida enviado da Alemanha por seus pais e sua irmã. Com os olhos bem abertos, nós ficamos olhando enquanto ela abria o presente. "Ah! Vejam só isso!", falou ela, batendo palmas como se fosse uma garotinha. A caixa estava cheia de delícias alemãs: um pacote de biscoitos redondos de gengibre cobertos com açúcar de confeiteiro, biscoitos de amêndoas, uma saborosa geleia de limão e lima, *sauerkraut*, latas de um café encorpado, potes de peixe em conserva e pão preto. E o melhor de tudo: uma lata de cerejas silvestres e uma barra generosa de chocolate alemão meio-amargo.

"Depois que vocês forem para a cama, vou preparar um bolo especial", falou minha mãe. "Agora que tenho chocolate meio-amargo, posso fazer um delicioso bolo floresta negra. Vai ser uma surpresa quando vocês acordarem amanhã."

É claro que eu não podia esperar tanto. Naquela noite, enquanto meus irmãos e irmãs dormiam nas camas, eu desci as escadas tão silencioso como um camundongo e espiei no canto de nossa cozinha. Não tinha dúvidas: minha mãe estava batendo a massa do bolo no seu pirex grande.

"Mamãe?" chamei baixinho, parado na porta.

Ela olhou para mim e, imediatamente, procurou Andrew e John com o olhar.

"Eles estão dormindo", falei. "Posso ficar aqui e ver você fazer o bolo?" Prendi a respiração enquanto observava seus cansados olhos azuis.

Minha mãe hesitou, mas depois sorriu. "Tudo bem." Ela ergueu a colher de pau coberta com a deliciosa massa de chocolate. "Você pode me ajudar lambendo essa massa para mim. Não quero virar uma matrona gorda."

Tive a impressão de que havia morrido e ido para o céu. Incapaz de acreditar na minha sorte, atravessei a cozinha em silêncio e peguei a colher de pau das mãos dela.

Minha mãe sorriu para mim. "Sente ali e fique olhando", falou, ao apontar para uma cadeira.

Eu me acomodei na cadeira e lambi a colher, olhando para ela. Agora ela ia começar a derreter a barra de chocolate, mas antes ela cortou um quadradinho inteiro e deu para mim. "Psiu... Não vai contar isso para os seus irmãos ou irmãs."

Coloquei aquele pedacinho de chocolate na boca e degustei aquele sabor amargo e com gosto de frutas secas em estado de êxtase.

"Ah!", falou mamãe. "Sabe o que está faltando?"

Meu coração tremeu. Talvez faltasse algum ingrediente importante e o bolo teria de ficar para o dia seguinte.

"Esse bolo maravilhoso precisa de um pouco de música", explicou.

Meu coração voltou a flutuar quando ela ligou o rádio da cozinha.

"Ah, *marrafilhosso*", falou ela quando a ópera *Madame Butterfly* tomou conta do ambiente, enchendo a cozinha de um som magnífico. Ela sorriu para mim e eu devolvi o sorriso. Fiquei olhando enquanto ela batia a massa e depois cuidadosamente a despejou em uma assadeira de alumínio.

Assim que ela acomodou o bolo dentro do forno, a ária mais famosa da ópera *Madame Butterfly*, "Un bel dì vedremo", começou a soar. Mamãe sentou-se em uma das cadeiras da cozinha e tirou os sapatos. Entregando-se à música, ela inclinou-se para trás com um suspiro de satisfação profunda. "Ela está cantando, 'Em um lindo dia nós vamos ver'", falou ela, com ar sonhador.

Deixei que a música tomasse conta de mim enquanto observava o bolo floresta negra crescer devagar dentro do forno, liberando um aroma de chocolate e cerejas por todo o ambiente.

Estávamos só nós dois, minha mãe e eu, juntos, ela com a cabeça reclinada e os olhos fechados, um cigarro entre os dedos, incrivelmente parecida com uma estrela de cinema cheia de charme, descansando entre a gravação de uma cena e outra, nós dois absolutamente tomados pelo som daquela música sublime.

Eu nunca me senti tão próximo dela.

Capítulo 4

O esconderijo embaixo dos trilhos

O que vou contar agora aconteceu uma semana depois que eu adotei Red e Missy. Nosso grupo de sete integrantes tinha acabado de subir a encosta, saindo do nosso esconderijo situado embaixo dos trilhos do trem, e ficamos paralisados com o que vimos.

Uma pessoa caminhava na nossa direção.

Mas quem diabos era aquele cara? Meu coração começou a disparar. Era um jovem garoto, que balançava com força no ar uma vara de espinheiro-preto. Maldição, será que ele estava ali para me agredir? Seria o filho de algum fazendeiro da região que havia sido mandado ali por minha causa?

Congelei por alguns instantes. Os cães viram o garoto movendo a vara e se enfiaram no meio das amoreiras, para se esconder. Eu já estava chegando perto quando reconheci o menino: era o *Roger Malandro*, outro renegado de Garryowen, como eu.

Eu o conhecia dos arredores de nosso vilarejo, e ele não era tão mau assim. Relaxei e esperei até que ele se aproximasse de mim, mas mantive meu olhar atento para os movimentos que ele fazia com a varinha.

Roger não tinha mudado muito desde a última vez que o vira. Continuava o mesmo garoto de baixa estatura e cabelos vermelhos como a pelagem de uma raposa, com o rosto coberto de sardas grandes e vistosas e olhos espertos, que examinavam todo o arredor e não deixavam escapar nada. Ele realmente *parecia bastante* com uma raposa.

Roger ganhou aquele apelido por causa da habilidade para sobreviver vivendo nas ruas. Três anos mais velho do que eu, ele estava acostumado a dormir aqui e ali de vez em quando, sempre que a barra na casa dele pesava demais. O pai de Roger ficava extremamente violento quando bebia — mais ainda do que o meu pai.

Senti minha boca salivar quando vi o cigarro que ele estava fumando.

"Olá, Faullie", falou ele, com ar contente e vindo direto na minha direção. Para deixar claro que não pretendia me agredir, ele abaixou a varinha e ofereceu seu precioso cigarro para eu dar uma tragada. "Tenho visto você por aqui esses dias", falou ele. "De longe, claro. Onde você está se abrigando?"

Dei uma tragada no cigarro e devolvi para Roger. "Tenho um esconderijo aqui embaixo. Venha ver." Segui pela encosta e, cheio de orgulho, mostrei para ele o meu refúgio encoberto pelos trilhos.

Ele se arrastou atrás de mim e logo voltou, balançando a cabeça em sinal de reprovação. "Mas que merda você está fazendo neste ninho de rato, seu demente?" Com o queixo, ele apontou para várias direções e continuou: "Pelo amor de Deus, Faullie. Tá cheio de celeiros de feno confortáveis nesta região! Por que você prefere congelar a bunda neste mocó pavoroso?"

Olhei para ele com respeito. "Celeiros de feno? Você só pode estar brincando! Os celeiros ficam perto das casas dos fazendeiros. Eles não vão me pegar?"

"Que nada", respondeu, com segurança. "Não tem perigo, eu já fiz isso um milhão de vezes. Você só precisa chegar depois do escurecer e ter a certeza de cair fora bem cedo, antes que os galos comecem a cantar."

Ouvimos um ruído vindo dos arbustos. Os olhos argutos e típicos de uma raposa se arregalaram, espantados, quando meus cachorros apareceram. Eles se aproximaram para cheirar o visitante. Roger riu. "Nossa, o que é isso, Faullie? Você está virando um tipo de São Francisco de Assis ou coisa parecida?"

Achei engraçado. "Nada disso. São apenas meus amigos. Você sabe, né? Cachorros de rua."

Roger coçou a cabeça. "Bom, não vai dar para levar esse *bando* para dormir nos celeiros, né? Dá uma olhada neles! Você não vai conseguir esconder. Parece uma manada de elefantes." Ele deu um tapinha em Pa, que não parava de abanar o rabo. "Primeiro, os fazendeiros vão ter um ataque do coração só de ver esses cachorros perto de suas preciosas vacas. Depois, quando recuperarem a respiração, vão correndo buscar suas espingardas antes que você consiga piscar. Vão atirar sem dó."

"Sei disso, mas eles são meus amigos". Fiz carinho na cabeça de cada um deles. "Não posso abandoná-los aqui. Eles vão morrer de fome ou de frio se eu fizer isso."

Roger abaixou-se um pouco e deu um tapa suave no meu peito. "Regra número um da sobrevivência, Faullie: cuide de você em primeiro lugar, e em segundo, em terceiro e por último também, além de todas as outras vezes no meio. Pode acreditar em mim: os caras legais vêm por último."

Ele só estava tentando ajudar, mas no fundo eu não concordava com ele. Agora que eu conhecia aqueles cachorros, preferia a filosofia dos três mosqueteiros: *um por todos e todos por um*. Olhei para os cães. Como eu poderia abandoná-los? Eles confiavam a própria vida a mim. Sentei no chão e comecei a acariciar as orelhas deles.

Roger Malandro sentou-se ao meu lado no trilho do trem e ofereceu-me outro cigarro. Chegou até a acender para mim. Nós dois fumamos sem dizer nada. Para os garotos de Garryowen, os cigarros eram como cachimbos da paz. Ninguém era capaz de perturbar o momento em que apreciávamos um precioso cigarro.

Enquanto fumávamos, fizemos carinho nos cachorros, que ficavam passando entre nós, para lá e para cá, e rimos quando eles nos cutucavam pedindo mais afagos.

Olhei para a minha gangue. Era loucura, mas de repente percebi o quanto aqueles seis cachorros estavam conseguindo extrair o que eu tinha de melhor. Eles me ajudavam a manter a calma, a agir de forma mais afetuosa e dedicada. Eu me sentia bem mais feliz agora! *Martin*, pensei, *sabe de uma coisa? Pela primeira vez em bastante tempo, você realmente está gostando de ser quem é.*

Olhei para Roger. Toda aquela conversa de durão escondia um sujeito gentil. Ele fazia carinho em todos os cachorros, com afeto. "Não quero chatear você, Faullie, mas acho melhor você não se apegar demais a eles", alertou, com suavidade. "Você sabe que os fazendeiros costumam espalhar comida com veneno para matar os cães abandonados como esses, né? Eles escondem as iscas nas cercas."

Senti minha barriga se contorcer. "Eu sei, Roger." Era uma das coisas terríveis que eu me esforçava para não pensar.

Roger olhou para mim com curiosidade. "Mas por que os seus irmãos não estão aqui com você? Nunca imaginei que um dia veria vocês separados uns dos outros. Vocês brigaram?"

Eu me contorci e de repente desejei estar sozinho com meus cachorros outra vez. Eles não faziam perguntas difíceis, nem me colocavam em situações de constrangimento ou vergonha. Por que os seres humanos têm tanta mania de bisbilhotar? "Meus irmãos estão em casa", respondi, encolhendo os ombros. Eu não queria falar deles, pois aquele assunto me perturbava muito.

Ele entendeu. "Muito bem. De qualquer jeito, se eu fosse você pensaria em achar logo um celeiro. O tempo frio está chegando e você não vai querer morrer congelado, né?" Roger me deu um tapinha no ombro. "Não tenho nada a ver com a sua vida, mas eu não gostaria de estar andando por aqui um dia e encontrar o seu corpo congelado como um bloco de gelo naquele buraco horroroso." Ele me deu um cigarro de boa sorte e desapareceu pela encosta, assobiando a música mais recente dos Beatles.

Respirei fundo quando ele se afastou e fiz carinho nos cães, em busca de segurança. Era bem mais fácil viver sem humanos por perto. "Vocês todos acham que eu sou ótimo do jeito que eu sou, né?", perguntei.

Os cães olharam para mim, abanando a cauda lentamente.

"Desde que vocês tenham algo para comer e que a gente consiga um lugar seco para dormir. Vocês só querem me ver calmo e feliz, certo?"

Na companhia daqueles cães, eu finalmente me sentia livre para ser quem eu era. Porém, eu me sentia grato a Roger pela dica dos celeiros de feno. Parecia que valia a pena dar uma olhada.

***

O primeiro celeiro que escolhi para dormir pertencia a Padraig O'Rourke. Eu tinha uma boa impressão de Padraig. Já o tinha visto circulando na área. Ele era um fazendeiro solteirão tranquilo e com bons modos — e, o que era melhor de tudo, não escutava muito bem.

Decidi ir ao entardecer, um pouco antes da chegada da noite. Por sorte, ele não tinha cães de guarda na propriedade. Eu me agachei, seguido de perto pelos meus cachorros, e consegui passar pela cerca. Ali estava a casa de Padraig, com fumaça saindo da chaminé e o rádio tocando bem alto. Mesmo dali de longe consegui sentir o cheiro do que ele estava preparando para o jantar: salsichas. Meus cachorros começaram a salivar, assim como eu.

"Calem a boca", falei. "Vai saber se o Padraig não aparece aqui fora com uma espingarda se vocês começarem a latir?" Olhei para meus cachorros. Eles pareciam compreender a gravidade da situação. "Fiquem bem atrás de mim", expliquei, apontando com o dedo onde eu queria que eles ficassem. Respirei fundo e passei por uma fresta na cerca. Os cachorros me seguiram, em silêncio. Atravessamos o quintal da propriedade como se fôssemos sombras. Em poucos instantes já tínhamos chegado perto da parede, embaixo da janela da casa, e seguimos andando até chegar ao celeiro, que ficava do outro lado.

Era um celeiro maior do que a maioria.

Em busca de um lugar que funcionasse como uma saída secreta, fui até os fundos da construção, tirei uma folha de estanho da parede do celeiro, que estava solta, e ergui sem fazer barulho, de forma que os cachorros puderam entrar, um após o outro.

Antes de pular para dentro do celeiro, cada um dos cachorros me olhou com ansiedade. Pareciam querer me avisar que estávamos invadindo um terreno proibido.

Lá dentro, logo observei o sótão. As pilhas de feno acumulavam-se até formar quase dois andares, preenchendo aquele espaço imenso de uma parede até a outra. "É para lá que temos de ir", sussurrei. "Para o alto dessa palha toda." Os cachorros olharam para cima. Era um abrigo natural e eles sabiam disso. Procurei o melhor caminho para conseguir subir. A pilha era íngreme e escorregadia demais, por isso usei os apoios da parede para escalar até o topo. Mas como eu ia fazer para trazer os cães aqui para cima?

Nada para me preocupar, na verdade — os cachorros já tinham providenciado uma escadaria perfeita para eles. Eles saltavam e pulavam pela parte da frente da pilha, com uma pressa louca para me ultrapassar na subida. Devia ser bem mais fácil para quem tinha quatro patas e um centro de gravidade bem mais baixo.

"Psiu!", eu falei. "Nada de latidos!"

Eles me ultrapassaram com ar animado e logo estavam na beirada da pilha de feno. Ficaram olhando para mim, um ao lado do outro, abanando as caudas. *Rá, rá, rá! Chegamos primeiro!*, pareciam me dizer, todos com a língua de fora.

Escalei o máximo que pude até conseguir chegar no topo da pilha. Sob os meus pés, o feno parecia um tapete espesso e elástico, surpreendentemente rígido para poder caminhar sobre ele. "Nossa!", falei, observando aquele lugar incrivelmente grande. "É como se a gente tivesse nossa casinha de brinquedo secreta aqui nas alturas!" Depois daquela minha toca sombria embaixo dos trilhos, eu tinha a impressão de estar hospedado no Ritz.

Os cães começaram a explorar e a farejar tudo, fascinados. Caminhei até uma abertura na parede da frente do celeiro e olhei para baixo, observando o terreno enlameado que cercava o local. Tinha começado a chover. "Que legal! Quero ver a chuva me pegar agora!" Caminhei até a parede do fundo e ajeitei meu rosto para tentar espiar o outro lado. "Ótimo. Este é o observatório perfeito para vigiar o que está acontecendo na fazenda", pensei.

Então, virei-me para observar os cachorros. O feno os havia deixado tão animados que pareciam crianças bricando na neve. Mossy corria em ziguezague como se fosse um maluco, e não demorou para os outros fazerem a mesma coisa. Felizmente, eles não começaram a latir, porque num lugar grande como aquele o som ecoaria e viraria uma algazarra.

Com um sorriso no rosto, soltei o meu corpo sobre uma pilha espessa de feno. "Muito obrigado, Padraig. Isto veio a calhar!"

Os cachorros correram para mim, lambendo minhas mãos e meu rosto, onde conseguissem alcançar. Eu os afastei com uma risada. "Parece que a nossa turma arrumou uma casa nova, né? E vocês querem saber de uma coisa?", perguntei, fazendo carinho em todos eles. "Nós podemos ser uns andarilhos desprezados, mas tenho a impressão de que este lugar é o *nosso lugar*."

Claro que eles não tinham a menor ideia do que eu estava falando, mas olhavam para mim com aprovação do mesmo jeito. Como sempre, bastava eu estar feliz para eles ficarem felizes também.

Quando escureceu, nós nos cobrimos com aquele monte de feno. Os cachorros abriram algumas tocas confortáveis, e eu providenciei uma coberta espessa daquela palha. "Durmam bem", falei com suavidade — e adormeci com um sorriso no rosto.

***

Um galo em algum lugar perto dali me acordou com o seu canto. Ele provavelmente estava furioso com a presença de intrusos no território dele. Espiei com um dos meus olhos e vi que poderia ter amanhecido, mas ainda estava escuro. "Dane-se", resmunguei, mergulhando ainda mais fundo no feno. Eu sabia que tínhamos de cair fora antes que Padraig nos pegasse ali, mas o feno estava tão quente e confortável que eu não queria me mexer. Aquela tinha sido a melhor noite de sono de toda a minha vida! Mas os cachorros não concordavam e, quando percebeu que eu tinha despertado, Pa saiu da sua toca e veio rebolando para perto de mim.

"Pelo amor de Deus! Volte a dormir", eu pedi. "Ainda está escuro lá fora." Enterrei o meu rosto no feno enquanto ele me cutucava, passando o focinho úmido na minha nuca, sem trégua.

"Cai fora", eu falei de dentro do feno.

Mas logo Pa contava com a companhia dos outros cães. Eles formaram um círculo à minha volta, olhando com ares de reprovação.

Não adianta, né?, resmunguei. *Chega de moleza. Está na hora do café da manhã.* "Certo, certo", eu respondi. "Podem parar, vocês já conseguiram me acordar." Fiz um carinho de bom-dia em cada um deles, aproveitando para tirar as palhas que ficaram grudadas no pelo. "Antes de sair em disparada pela propriedade, é melhor ver se o Padraig já acordou", falei. "E, por Deus, nem pensem em latir."

Ajeitei minhas mãos e meus joelhos e arrastei-me até a borda da pilha de feno. Os cachorros apoiaram-se sobre as barrigas para me seguir. Lá de cima, dava para ver com clareza através das portas abertas e observar toda a propriedade aos nossos pés.

O amanhecer estava colorindo toda a paisagem com um suave tom de cinza perolado. A névoa sobre os campos lembrava nuvens. As vacas leiteiras da raça holandesa de Padraig, com pelagem de cor branca e preta, vagavam pelo quintal ao nosso redor, soltando alguns mugidos melancólicos para ver se aparecia alguém trazendo comida. Das costas delas saía uma fumaça, como se elas tivessem acabado de sair de um forno.

Uma das portas fechou-se ruidosamente.

"Uuufff!", fez Mossy ao meu lado, com suavidade.

Coloquei um dedo sobre o focinho dele, em sinal de aviso. Ele ficou quieto e observou o quintal lá embaixo com atenção. Todos nós fizemos isso. Em seguida, ouvimos o barulho metálico das botas de Padraig caminhando sobre a trilha de concreto. Ele entrou no nosso campo de visão — era um homem baixo e gordo, e vinha trazendo o seu ancinho.

Fergus deu um gemido e eu me inclinei sobre Mossy para fazer um afago no focinho dele. "Psiu! Não façam ele perceber que a gente está aqui!"

Assobiando uma animada música típica, o velho fazendeiro subiu no antigo trator Massey Fergusson como se montasse em seu cavalo preferido e logo ligou o veículo.

Ótimo. Enquanto Padraig se mantivesse ocupado dando comida para as vacas, a gente poderia cair fora. "Muito bem", falei. "Vamos embora, cachorrada."

Todos juntos, nós nos acomodamos na beirada do monte de feno e olhamos para baixo. Dali, tivemos a impressão de que estávamos no alto de uma catarata de palha. Era uma visão um pouco assustadora. Respirei fundo e me joguei para o lado, seguido pelos meus cachorros. "*Vamos!*", eu gritei, enquanto escorregava pela encosta íngreme de palha que amparava as minhas costas.

Missy desceu com mais velocidade do que gostaria. Pa conseguiu fazer uma descida lenta e elegante, sentado com as costas retas. Fergus tentou desesperadamente usar o seu comprido focinho de terrier como se fosse um freio adicional. Com tranquilidade, Red deslizou para baixo, apoiando-se com suavidade em um dos cotovelos. Mossy encarou tudo aquilo como se fosse um mergulho escorregadio. E Blackie, mal-humorado como de costume, ignorou todo mundo e derrapou morro abaixo apoiado nas costas.

Batemos uns nos outros conforme chegamos ao chão, depois rastejamos pela nossa saída secreta e escapamos passando pelas outras construções da fazenda até chegar na abertura da cerca. Depois de deixar a propriedade, começamos a correr em meio à névoa baixa que cobria aqueles campos. Aquela cobertura natural sempre servia como ótima camuflagem.

Era hora de roubar o café da manhã. Assim que chegamos ao trilho, os cães e eu começamos a andar em ritmo acelerado pelos quase cinco quilômetros que nos levariam a Castle Troy, região onde viviam algumas das famílias mais ricas de Limerick. E também era o lugar onde eu pretendia conseguir o meu café da manhã.

Quando chegamos à ponte da ferrovia, eu parei e falei aos cachorros: "Vocês esperam aqui. Lembram-se do combinado, né? Não dá para todos nós vagarmos pelos vilarejos durante o dia ou vamos chamar muita atenção. As pessoas vão chamar a polícia." Segui meu caminho, mas tive de voltar quando percebi que os cachorros estavam me seguindo. "Falei para vocês esperarem *aqui*, seus tontos!"

Eles abaixaram as cabeças e as caudas, decepcionados, e logo se enfiaram no mato. Mossy virou a cabeça e me lançou um olhar prolongado e desolado antes de entrar embaixo de um arbusto desfolhado.

"Valeu!" gritei e voltei a correr. Todas as vezes que eu pisava nos gramados cuidados com esmero de Castle Troy, tinha a impressão de entar em outro mundo. Com cuidado, corri pelas ruas arborizadas e extensas cercadas por casarões, todas com jardins amplos e carros caros e elegantes estacionados diante da porta.

A cada passo que eu dava, eu me sentia mais selvagem do que nunca — um verdadeiro vagabundo. Percebi o quanto as minhas botas haviam machucado meus pés, por serem um número menor do que o adequado. Vi como minhas roupas estavam sujas e esfarrapadas, ao mesmo tempo que meus cabelos pareciam um emaranhado sem forma, salpicado com vestígios de feno. E notei que a fome tinha movido meus pés para dentro daquele território inimigo.

Meus ouvidos logo captaram o ruído vindo do carro do vendedor de pães. *Bem na hora.* Eu me escondi atrás de um veículo estacionado para observar o padeiro entrar na rua e fiquei olhando por cima do capô conforme ele se aproximava. Ele desceu do carro, abriu as portas de trás, fazendo um ruído, encheu os braços de pão e dirigiu-se para a entrada de uma das casas.

Ele subiu rápido as escadas que levavam à varanda e, com jeito, acomodou os pães recém-assados no peitoril da janela. Minha boca ficou cheia de água. Estava quase na hora. "Vamos lá", murmurei, sem tirar os olhos dele.

O carro continuou percorrendo a rua, um trecho de cada vez. A cada parada, o entregador descia e percorria a entrada das casas em um ritmo constante. No final, a caminhonete dobrou a esquina e sumiu de vista.

Finalmente, a rua era minha. Essa era a parte perigosa. Respirei fundo e me preparei para correr até a calçada para pegar o meu primeiro pedaço de pão quando escutei:

"Bom dia!"

Merda!

Com o coração aos saltos, virei a cabeça para olhar para trás, sobre o capô do carro. Uma senhora vestindo um traje de seda de cor bege tinha acabado de sair da casa que eu estava prestes a atacar.

Mas por que diabos ela estava falando comigo?, eu me perguntei.

Só que a conversa não era comigo. Ela estava olhando sobre a sua cerca viva perfeitamente aparada e dirigia-se ao senhor de roupão que estava na varanda da casa vizinha. Ele também tinha saído para buscar o pão e o leite.

"Bom dia, Geraldine."

"Lindo dia, você não acha, Harry?"

"Magnífico", ele respondeu. "Agora preciso entrar. As torradas e o café estão me esperando."

"Por que vocês dois não param de tagarelar e vão logo para dentro?", murmurei sem paciência. Aquela fome estava me matando.

Meus olhos se voltaram desesperadamente para o leite e o pão que estavam em outra varanda. Acomodados um ao lado do outro, eles estavam praticamente pedindo para que eu os pegasse. Finalmente, Geraldine e Harry, os vizinhos matracas, entraram cada um em sua casa.

Eu estava pronto para dar o bote quando, igual aos relógios cuco, todas as portas dianteiras de todas as casas da rua começaram a se abrir, uma após a outra. Ouvi um verdadeiro coro de "bom dia" e "olá!".

Merda, merda, merda.

Agora, se eu quisesse conseguir um café da manhã, teria de tentar a outra rua. Corri por mais algumas calçadas, com meu estômago se contorcendo cada vez que eu sentia o maravilhoso aroma da comida, e logo eu estava babando quase como um cachorro. Bacon, ovos, salsichas, *chorizo*, tomates, feijões cozidos e costeletas de cordeiro.

Na próxima rua, vi que as garrafas de leite e os pães continuavam nas varandas.

Graças a Deus!

Não havia tempo a perder. Eu tinha de agir rápido e por isso entrei na primeira casa, peguei o pão que estava no peitoril da janela e saí em disparada. Tinha me esquecido de pegar o leite. Merda! Passei por uma abertura na cerca e corri até a varanda do vizinho, onde peguei o pão e o leite.

Passei correndo por outra abertura, peguei mais pão e mais uma garrafa de leite. E mais outra. Era como se eu tivesse enlouquecido. Eu já tinha mais do que o bastante para o café e o jantar, mas ainda assim me sentia tentado a pegar mais.

Só mais um pão, sugeriu-me o diabinho da malandragem. *Pense só como será delicioso fazer um lanche no final da tarde.*

Eu estava justamente pegando outro pão de outra janela quando ouvi uma porta se abrir bem ao meu lado. Virei na hora e vi um homem com olhos castanhos e gentis, vestido com um roupão de seda.

"Bom dia", disse ele, educado. "Posso ajudar?"

Abri a boca para responder, mas a voz não saiu.

Ele apontou para o pão. "Bem... acho que vamos precisar disso para o nosso café da manhã."

Ficamos olhando um para o outro, até que ele sorriu, com bondade. "Se você está com fome, pode entrar. Eu preparo algumas torradas para você."

Meus olhos se apertaram. Mas que loucura ele estava dizendo? Ninguém agiria com tanta gentileza com um ladrão que está roubando a sua comida bem debaixo do seu nariz.

O homem estendeu as mãos, tentando me acalmar como se eu fosse um animal selvagem.

Soltei o pão e saí correndo até a esquina, para o arbusto onde eu tinha escondido os outros pães e as garrafas de leite, acomodando tudo sob os meus braços como desse. Depois, só parei de correr quando cheguei à ponte do trem, fronteira do meu território.

Ali, eu parei para recuperar o fôlego e olhei para as minhas mãos, sem acreditar no que via: elas tremiam violentamente. Ridículo. "O que está acontecendo com você, Martin?" Até a minha voz parecia vacilante. "Por que você ficou com tanto medo de um cara rico, velho e inofensivo?" Parecia que, quanto mais tempo eu estava longe de casa, mais medo eu tinha das pessoas.

Meu estômago me lembrou de que eu ainda não tinha comido nada, então eu virei uma garrafa de leite garganta abaixo, sem parar para respirar, e enfiei pedaços de pão dentro da minha boca. A fome era tanta que devorei outro pão. Com isso, sobraram apenas um pão e duas garrafas de leite.

Ouvi um ruído quando os cachorros saíram do emaranhado das amoreiras selvagens, galopando na minha direção com entusiasmo. Meu coração se encheu de alegria ao vê-los. "Olá, cães. Sim, consegui sobreviver à caça ao café da manhã, mas foi por pouco."

Eles se juntaram ao meu redor, sentindo o cheiro daquele pão precioso que eu agarrava com força contra o meu peito. "Sinto muito, mas esse é o meu jantar. Vocês sabem do combinado. Só posso alimentar todos vocês mais tarde."

Eles olharam para mim com ar triste. "Não me olhem assim. Vocês sabem que temos de esperar o Brendan sair", eu os repreendi. A culpa sempre acabava me tirando as palavras. "Vamos lá, é melhor a gente sair desta chuva."

Eles me seguiram pela linha do trem até chegarmos ao esconderijo embaixo dos trilhos. Até descobrir qual era a rotina de Padraig, eu não queria rondar o celeiro dele à luz do dia. Os cães olhavam com tristeza para a entrada da nossa toca, incapazes de entender por que não voltávamos para o celeiro.

Blackie, mais irritado do que nunca, mordiscou Fergus para demonstrar seu desagrado.

"Ei, você sabe ser chato, né?", falei com reprovação.

Um atrás do outro, nós nos arrastamos pelo túnel e entramos no buraco.

Uma garoa tristonha e cinzenta tomou conta do dia. Os cães se balançavam, espalhando gotas de água por todos os lados, enquanto eu acendia uma pequena fogueira com uns poucos pedaços de carvão que havia escondido. Aquele calor era um pouco de luxo em um dia sombrio.

Os cães se esbarravam o tempo todo naquele lugar minúsculo, reclamando uns para os outros. Eles sempre ficavam assim quando a fome estava realmente séria.

"Desculpem", eu falei, encolhendo os ombros. "Mas vocês conhecem as regras: nada de comida para cachorros antes que Brendan dê o fora."

Um dos principais motivos para aqueles cães me seguirem por toda a parte era o fato de que eu roubava comida para eles. Todos os dias, ao entardecer, eu dava um jeito de entrar no abatedouro de Brendan Mullins — a melhor opção para cachorros de rua — e roubava restos de carne e ossos, que eu jogava para eles por cima da cerca. Mas o problema é que eu só podia me aventurar a chegar perto do matadouro depois de escurecer, para evitar que Brendan me flagrasse.

De repente, a cauda gorda do Pa acidentalmente esbarrou nas patas dianteiras de Blackie, e eu tive de separar os dois bem rápido.

"Ei, calma aí. Nós somos amigos, não somos?"

Pobres cães — eles estavam totalmente desgostosos. Ficaram deitados emitindo suspiros ruidosos, com o queixo no meio das patas e as cabeças viradas para o lado oposto ao que eu estava.

De repente, eu tive uma ideia. "Eu sei como a gente pode se alegrar. Hoje à noite, vamos jantar todos juntos no celeiro, como uma família de verdade. Vai ser ótimo." Eu já conseguia imaginar a cena, todos nós acomodados no celeiro em círculo, compartilhando uma refeição. "Por que não? Nós nunca fizemos isso." Enquanto eu saboreasse o meu pão e o meu leite, os cães poderiam comer seus pedaços de carne, com direito a um osso para a sobremesa. "Vejam só! Temos a oportunidade perfeita para nos tornarmos uma gangue muito legal! Mas como a nossa turma vai chamar?"

Nenhum deles parecia estar escutando, mas eu não me importava. Dei uma risada quando pensei no nome. "Nós vamos montar a Gangue dos Cachorros Sujos!"

Os cães encolhiam as orelhas com irritação, como se estivessem tentando evitar a minha voz incômoda. Decidi me apoiar na parede e tirar uma soneca.

Vai ser como em um filme de Hollywood, pensei, sonolento, enfiando-me no meu casaco. *Nós seremos a Gangue dos Cachorros Sujos.*

***

Uma patada pesada me acordou. Era Pa, que respirava ofegante bem perto do meu rosto. "Meu Deus, Pa!", falei, contrariado. "O seu bafo está mortal!"

Todos os cachorros começaram a dar focinhadas no meu rosto, impacientes, até que eu me levantei. "Tá bom, tá bom", concordei. "Já estou levantando. Podem começar a abanar esses rabos."

O olhar deles não deixava margem a dúvidas: eles estavam famintos. Confirmei se o pão continuava firme embaixo do meu casaco e arrastei-me para fora. Começava a chover, e a luz do entardecer sumia rapidamente. "Vou ficar encharcado tentando conseguir o jantar de vocês, pessoal. Espero que vocês gostem." Sair na chuva sempre era um problema, porque era muito difícil secar as roupas, e eu não tinha outras para trocar.

Nós estávamos no caminho para o matadouro de Brendan Mullins, nos arredores de Garryowen. Conforme eu ficava cada vez mais úmido e irritado, mais os cães se animavam. Pouco depois, eles estavam saltando felizes ao meu lado. Quando chegamos ao campo vizinho à propriedade de Brendan, eu me aproximei da cerca viva para dar uma boa olhada.

O local parecia deserto. Juntos, cortamos o campo e chegamos à cerca de malha metálica, que media quase dois metros de altura. Logo o fedor nos atingiu como se fosse uma parede invisível. Que nojo! A propriedade de Brendan podia ser definida como um resumo do inferno. Era para lá que as pessoas levavam cavalos, vacas, burros, cachorros e gatos que morriam em Garryowen, para que os bichos fossem transformados em outras coisas, como couro para os curtumes, carne para os treinadores de Greyhound e sobras animais para os fabricantes de sabão, cosméticos e cola.

Os cães olhavam ávidos para aquele monte de carne e sobras de ossos como crianças paradas diante da melhor sorveteria do planeta.

Não era um lugar para alguém com coração sensível. Comecei a escalar a cerca de quase dois metros como se fosse um macaco. Os cães esperavam formando uma fila, abanando os rabos furiosamente. Fergus emitiu um som de entusiasmo. "Sim, pode deixar", eu resmunguei. "Eu estou indo depressa."

Passei pelo pátio principal, onde ficava a maioria dos recipientes com restos dos animais abatidos. Brendan não estava nem aí para as leis de controle de saúde ou higiene. Quando passei na frente das portas fechadas do galpão, ouvi latidos súbitos vindos lá de dentro. "Tudo bem, Buddy", falei. "Está tudo certo, sou eu."

Buddy era o cão de guarda de Brendan, mas nós acabamos virando bons amigos.

Eu caminhava rápido, tentando ignorar o barulho que ele fazia ao andar de um lado para o outro sobre o chão de concreto. "Desculpe, cara." Eu odiava saber que aquele cachorro passava a noite toda preso ali, sozinho, mas não tinha coragem de resgatá-lo.

Segui na direção dos grandes latões, no fundo, onde eles jogavam os restos que realmente ainda tinham carne. Pernas, ossos, chifres, cascos e crânios de vaca. Eu já quase não achava aquele lugar tão horripilante, mas, honestamente, aquilo bastava para traumatizar um vegetariano para a vida toda. Havia três grandes tambores transbordando de restos de carne — o jantar ideal para seis cães famintos. Peguei um saco e uma faca e comecei a arrancar pedaços de carne dos ossos maiores.

Quando o saco ficou cheio, fechei-o bem com uma corda e comecei a arrastá-lo até a cerca. "Tchau, Buddy! Amanhã à noite a gente se vê."

Assim que eu apareci, meus cachorros começaram a pular sem parar, latindo freneticamente. O barulho aumentou quando eles viram o saco que eu arrastava atrás de mim. Joguei o pesado saco de retalhos sobre a cerca de arame, esperei cair no chão e pulei. Os cães dançavam em volta de mim, comemorando e implorando. Mas eu realmente queria que eles jantassem comigo no celeiro naquela noite.

"Vamos lá, pessoal! Dá para esperar mais um pouco, né? Será nossa primeira refeição juntos, como uma gangue", eu falei, na tentativa de acalmá-los.

Mas tudo o que eles faziam era olhar para aquele saco e salivar. Quando viram que eu não o abria, começaram a se lamentar um depois do outro.

Meu Deus, eu não estava pedindo muito, mas naquela noite eu queria um jantar especial. Os olhos deles continuavam grudados no saco de carnes. "Tudo bem, vocês podem fazer um lanchinho agora, mas o resto fica para o jantar", declarei, enquanto jogava um pedaço de carne para cada um e voltava a amarrar o saco.

Eles olharam para mim em estado de choque. Eu sabia que estavam com fome de verdade, mas daquela vez eles iriam fazer as coisas como eu queria. Comecei a arrastar o pesado saco conforme andava no sentido da linha do trem. Perplexos, os cães vinham no meu encalço.

O trajeto de volta até o celeiro de Padraig foi um pesadelo. Minhas costas ardiam, meus dedos pareciam que iam cair e minha cabeça parecia prestes a explodir só de ouvir Pa latindo sem parar durante todo o caminho de volta para casa. O saco estava tão pesado que parecia estar cheio de vacas inteiras, e não apenas alguns retalhos de carne. Tudo o que eu podia fazer era cerrar os dentes e continuar arrastando aquele peso. O jantar da nossa turma sairia como eu tinha planejado nem que eu tivesse de morrer para isso.

Não sei como consegui arrastar aquele saco até lá em cima e, com o suor escorrendo pelo rosto, acendi algumas velas e as apoiei na beirada. O pobre Padraig teria um ataque cardíaco se tivesse visto aquilo, mas era claro que eu não ia fazer uma refeição especial no escuro.

Os cães piscavam, na tentativa de ajustar a visão à luz das velas.

"Muito bem", avisei. "*Agora* nós podemos comer." Eu me agachei para desamarrar o saco com as carnes. "Isto não é demais, pessoal? Não formamos a melhor turma do mundo?" Olhei para eles cheio de felicidade.

Os cães se aproximaram, parecendo assassinos psicopatas, de olho em suas presas.

"Esperem, acho que devemos nos acomodar em círculo." Dei alguns passos distribuindo pedaços de carne sobre a pilha de feno, na esperança de que os cachorros assumissem cada um o seu lugar. "Muito bem, agora sim", falei, contente. "Bom apetite a todos!"

Mas, em vez do previsto, os "convidados" saltaram uns sobre os outros, fazendo ruídos horríveis.

"Chega!" eu gritei, em choque. Tudo o que eu conseguia ver era uma massa aos berros, latidos, rosnados e uivos, vindos daquele violento ataque canino.

Mas que droga! Eles iam se matar e fazer picadinho uns com os outros!

Tentei me enfiar no meio deles para afastar a briga mas, assim que eu puxava um deles, ele logo avançava em outro. No meio dos ataques, os cachorros devoravam com avidez qualquer lasca de carne que encontravam no feno ou arrancavam da boca dos outros. Era pior do que as minhas brigas com Andrew e John por causa de comida.

Blackie saiu do meio da confusão arrastando o saco de comida com a boca. Pa, sempre guloso, saiu atrás dele, raivoso.

"Muito bem, todo mundo quieto agora!", gritei para ser ouvido no meio daquela barulheira. "Agora chega! Somos todos amigos."

Quando me aproximei de Missy, ela se voltou para atacar o meu calcanhar como se fosse uma serpente enfurecida, com os dentes à mostra parecendo uma sequência de agulhas afiadas. Aquilo tudo era demais. Eu nem queria saber se Padraig iria me ouvir ou não.

"Seus idiotas! Vocês estragaram o meu jantar especial!", berrei com todas as minhas forças.

Afastei o bando até que, ainda rosnando, eles se aproximaram das laterais do celeiro, bastante ofegantes. Pareciam bêbados que tinham brigado em um *pub* e foram separados depois da confusão.

"Vocês todos, fiquem onde estão!", ordenei, enquanto afundava no feno para recuperar o fôlego. Foi aí que me lembrei do meu pão.

Merda.

Quando eu apalpei freneticamente a parte da frente do meu blusão, percebi que meu precioso jantar tinha desaparecido! Virei e consegui ver o pão na boca de Pa, que se preparava para engolir o pão com uma mordida só. Eu me joguei sobre o feno e arranquei o pão da boca dele.

Pa sumiu.

O pão tinha virado uma coisa nojenta, coberta de restos de carne crua e de sangue. Nem eu teria coragem de comer uma coisa com um cheiro *tão horrível*. A garrafa de leite que eu tinha levado o dia inteiro no meu bolso estava virada, já sem a metade do líquido.

Mossy estava sentado um pouco longe, olhando para mim com seus grandes e expressivos olhos de cães da raça spaniel. Como sempre, ele sabia muito bem como me comover.

"Vem aqui, amigão. Não foi culpa sua. Chega aqui", eu falei, oferecendo um pedaço de pão a ele.

Ouvi um rosnado baixo e agudo emitido por Blackie.

Ah, é? E por acaso você me obedeceu na hora de começar essa pancadaria toda, seu traste?

Blackie não concordou comigo. Seu rosnado se transformou em rugido, e ele avançou sobre mim, me atingindo em meio ao feno em uma confusão de pelos e de dentes. Era como se um urso-pardo me atacasse, com seus dentes imensos raspando a poucos centímetros do meu rosto. O hálito do cachorro tinha cheiro de carne podre.

Meu Deus, eu vou morrer!

Virei a cabeça e vi Blackie caminhando firme até o outro canto, levando meu pão na boca. Os outros cachorros ficaram olhando em silêncio quando ele se deitou e começou a arrancar pedaços do pão, usando as patas imensas para segurar a comida no lugar.

Eu me sentei. Meu coração martelava como se tentasse arrumar uma brecha para saltar entre as minhas costelas. Em transe, fiquei assistindo enquanto aquele cachorro maldito devorava o meu jantar sem um pingo de pressa. Como ele se atrevia? Eu me aproximei dele e dei um chute violento na barriga dele. "Seu ingrato miserável! Depois de tudo o que eu fiz para você?" Foi a primeira vez que agredi um dos meus cachorros, mas eu estava faminto, bravo e não conseguia raciocinar direito.

Ele mostrou os dentes para mim, mas eu mantive o olhar fixo nos olhos deles e cheguei bem perto. "Ah, é? Você quer piorar as coisas, é?" Eu já não sentia mais medo dele. Era apenas mais um valentão tentando me atingir.

Blackie saltou na minha direção, mas desta vez eu estava preparado e dei um chute na garganta dele. Ele gemeu, caiu para trás e ficou olhando para mim.

Eu encarei o cachorro até que ele desviou o olhar e se sacudiu da cabeça à ponta das patas. Foi aí que eu percebi que tinha vencido.

De repente, ele abaixou totalmente a cabeça, esgueirou-se sobre a borda da pilha de feno e sumiu. Eu desabei, sentindo meu corpo tremer.

Pela primeira vez, eu me perguntei se era seguro viver com aqueles cães de rua, sobretudo com um animal perigoso como Blackie. Ele tinha força suficiente para me matar e era claro que não era muito estável.

Os outros cachorros estavam encolhidos, tremendo de medo. Afastei o feno ao meu redor. "Está tudo bem. Vocês podem voltar agora." Eles se esquivaram, incapazes de olhar nos meus olhos.

Assobiei baixinho, mas ainda assim eles mantinham a cabeça voltada para outra direção. Eu fiquei chateado — muito chateado *mesmo*. O que eu tinha feito?

Sobre o feno, eu me arrastei na direção de Mossy, já que, para mim, ele era o melhor amigo que eu tinha naquele bando. Ele ficou sentado, mantendo a cabeça virada intencionalmente conforme eu me aproximava.

"Ei, que negócio é esse de me dar um gelo, heim?"

Antes mesmo que eu o tocasse, ele se encolheu. "Não vou machucar você", assegurei. Estendi minha mão com suavidade. Ele recuou, desta vez soltando um bocejo ruidoso quando virou a cabeça.

Eu estava confuso. Os cachorros se comportavam exatamente do mesmo jeito — voltando a cabeça para o outro lado e emitindo um ruído lento como se fosse um jogo, mas com regras que ninguém havia me explicado. Cansado de me sentir excluído, eu me acomodei e comecei a imitá-los. Virei a *minha* cabeça e fiz um ruído ainda *mais sonolento*. Se meus cachorros estavam enlouquecendo, eu também podia fazer a mesma coisa.

Eles ficaram em silêncio total. Olhavam para mim com atenção e esperavam. Senti os pelos da minha nuca se eriçarem. Na segunda vez que eu imitei o som que eles faziam, os cachorros deitaram no feno, um após o outro. Era como se eu tivesse jogado um feitiço. Intrigado, repeti o barulho para ver o que aconteceria. Como se todos tivessem acabado de tomar um sonífero, os cachorros acomodaram o queixo sobre o feno e fecharam os olhos. De repente, o celeiro pareceu ser o lugar mais tranquilo do mundo. *Mas que diabos estava acontecendo ali?*

Eram dois sinais bastante simples. *Virar a cabeça para o outro lado e emitir um bocejo sonolento.*

Eu me arrastei até perto de Mossy mais uma vez e comecei a fazer carinho no pescoço dele. Ele abriu os olhos, ansioso, mas quando soltei outro bocejo sonolento ele suspirou profundamente e voltou a fechar os olhos. Repeti o ruído e ele se acomodou de lado, cochilando. Olhei ao redor para observar os outros cães. Todos já estavam dormindo, sendo que Pa inclusive roncava um pouco.

Não tenho certeza, mas está parecendo que nós todos nos comunicamos no idioma canino, pensei. *Talvez quando eles viram a cabeça para o outro lado na verdade querem dizer "Por favor, deixe-me quieto". E o bocejo esquisito talvez seja algo como "Pare de se preocupar e relaxe".*

Eu não sabia se era isso mesmo, mas ainda podia testar a minha teoria com um dos cachorros, quando ele resolvesse voltar.

Blackie.

***

Por volta da meia-noite, a silhueta robusta dele apareceu, projetando imensas sombras nas paredes do celeiro conforme ele tentava escalar lentamente a montanha de feno. Ainda meio adormecido, eu me sentei.

Blackie, o Sanguinário.

Será que ele tinha voltado para me atacar de novo? Ele se aproximou e depois parou, farejou o ar na minha direção e rosnou baixinho.

Eu ia tentar conversar com ele na sua própria língua: virei a minha cabeça para o outro lado e soltei o bocejo mais sonolento que consegui.

Blackie me encarou com surpresa, depois se sentou ao meu lado. Fiquei espantado! Eu nunca tinha visto aquele cachorro tão calmo. Repeti os dois gestos e, com um enorme suspiro, ele deitou e relaxou completamente.

Blackie sempre se afastava quando eu tentava fazer carinho enquanto ele estava deitado, mas talvez estivesse na hora de mudar aquilo. Estendi a mão trêmula e prendi a respiração enquanto acariciava com suavidade aquele pescoço volumoso e desgrenhado. Ele continuou incrivelmente calmo sob o toque da minha mão. Senti minha pele formigar enquanto uma energia poderosa fluiu entre nós, marcando a primeira conexão verdadeira. Blackie ajeitou-se no feno, e eu voltei a acariciar o pescoço dele. Era como se eu afagasse um leão preto, enorme e perigoso. Meus dedos corriam com suavidade sobre o pelo dele, ao mesmo tempo que meu coração se enchia de carinho e de algo mais: confiança. Eu tinha acabado de estabelecer o meu primeiro diálogo de verdade com aquele cão.

E foi mágico.

Capítulo 5

Garoto Burro

Ainda que bem lá no fundo eu soubesse que minha família me amava, um dos motivos pelos quais eu fugi de casa foi o fato de ninguém me entender. Eu nasci com TDAH, mas em plena década de 1970 quase ninguém tinha ouvido falar desse problema. Se para você a sigla parece estranha, estou falando de transtorno de déficit de atenção e hiperatividade e, concordo, é um problema e tanto.

Mas como é ser portador de TDAH? Bem, no meu caso, era como se eu bebesse cem latas de Coca-Cola por dia. Com tanta energia palpitando dentro de mim, era quase impossível ficar sentado e concentrado em algum lugar. Meu transtorno deixava as pessoas loucas, e até um jantar com a minha família podia se transformar rapidamente em um pesadelo.

"Quem está chacoalhando esta droga de mesa?", berrou meu pai uma noite.

Sem perceber, o transtorno estava me fazendo remexer na cadeira o tempo todo. Meus joelhos se moviam, os dedos tamborilavam e meu corpo se contorcia. Por isso, acabava fazendo a mesa chacoalhar e sacudir como se um terremoto estivesse atingindo Garryowen.

"Isso é uma brincadeira sem graça? Seja quem for o desgraçado, pare com isso agora!", berrou meu pai, esmurrando a mesa. Major e Rex deram um jeito de sair da cozinha rapidinho. Meus irmãos e irmãs olharam para mim com cara de aborrecimento. Se eles conseguiam ficar quietos na droga da cadeira, por que eu não conseguia?

Tentei obrigar o meu corpo a se comportar, mas não demorava muito para a mesa começar a tremer de novo, sacudindo a vasilha com o molho, a jarra de leite, os copos com água e os potes que acomodavam o sal e a pimenta. Algumas coisas até acabavam indo parar no chão.

"Mááártin! Máááar-*tin*!", sussurrava minha mãe, tentando chamar minha atenção. Ela nunca conseguia pronunciar meu nome direito.

Tum! Meu pai deu um tapa na minha orelha. "Sua mãe está falando com você. Pare de sacudir já."

"Por favor, Mááártin, não coloque os cotovelos sobre a mesa. Lembre-se do que eu falei sobre a importância de ter bons modos." Eu queria agradá-la de verdade, mas logo em seguida minha mente já estava divagando outra vez...

Tum! "Ela tá falando para tirar os cotovelos da mesa", resmungou meu pai. "Use a cabeça e pense um pouco." *Tum!* "E vê se para de sacudir, cacete! Não consigo nem comer direito por causa dessa tremedeira irritante. Cai fora da mesa e espere lá fora. E só volte quando a gente tiver terminado de jantar em paz."

Acabei me acostumando a esperar no quintal, na companhia de Major e de Rex, enquanto o resto da família comia na mesa. Morrendo de fome, eu ficava na ponta dos pés para espiar pela janela da cozinha e, impaciente, eu começava a pular sem parar. Minha família devia achar que eu parecia um pula-pula em forma de gente.

Meu pai nem ligava. "Fique longe da janela ou eu acabo com você!"

Curiosamente, quando eu ficava sozinho com os nossos dois pastores-alemães a minha TDAH diminuía bem ou desaparecia. Após alguns minutos, eu estava calmo e sereno. Por que isso acontecia? Com o Major e o Rex eu nunca brigava. Eu fazia o que eu queria e eles me seguiam, como se fossem duas babás dedicadas. O tempo todo eu imaginava os dois revirando os olhos e dizendo um para o outro *"Mas que filhote mais chato! Por que ele não é capaz de manter o nariz longe de tudo o que vê?"* Quando eu começava a dar sinais de descontrole nervoso, os cachorros não ficavam com raiva nem bravos, como faziam os humanos. Em vez disso, eles mantinham a naturalidade ou começavam a se mover com mais suavidade. Muitas vezes, eles viravam a cabeça para o outro lado e me ignoravam até que eu relaxasse. Se isso não funcionasse, eles simplesmente iam dormir e esperavam que eu me acalmasse. Eu me rastejava para perto deles e me aninhava nos dois. Era uma sensação maravilhosa quando toda aquela energia hiperativa abandonava o meu corpo. Não era de surpreender que eu queria estar sempre perto daqueles dois cachorros sábios e amorosos.

O TDAH também causava outros tipos de problema para mim, como na ocasião em que acordei no meio da noite com uma fome tremenda. Tentei ignorar aquela sensação, mas meu estômago maldito não me deixava. *Quero comida! Quero comida! Quero agora!*

Não tinha jeito de ignorar a voz daquele ditador violento. O transtorno consumia tanto da minha energia que eu precisava comer o tempo todo ou minha barriga começava a devorar a si mesma. O problema estava no fato de que eu tinha sido proibido, sob ameaça de morte, de entrar na cozinha depois que todos tivessem ido dormir. Tudo isso porque eu tinha mania de comer toda a comida reservada para o café da manhã e o almoço do dia seguinte. Eu era famoso por isso.

Maldizendo o meu estômago, eu desci as escadas que levavam até a cozinha. Só havia um lugar onde poderia haver comida: o recipiente para guardar o pão, que ficava em cima do balcão. Abri a tampa e vi que havia dois pães ali: um se destinava ao café da manhã e o outro estava reservado para os lanches que levaríamos para a escola. Não sobrava nada para aplacar a fome que me atacava no meio da madrugada. Meus dedos hesitaram. Minha mãe ficaria furiosa no dia seguinte, mas o que eu poderia fazer? Minha barriga vazia estava me enlouquecendo. Aquele pão branco e macio que estava mais perto de mim parecia estar chamando o meu nome, dizendo-me para chegar mais perto. Meus dez dedos gatunos atenderam ao apelo e libertaram o alimento. O cheiro estava maravilhoso. Seria o caso de comer uma fatia ou então...?

Foi aí que tive uma ideia. Com muito cuidado, usei uma faca de pão para cortar a extremidade do pão. *Muito bem, Martin. Agora a parte mais complicada.* Suavemente, arranquei porções do miolo macio e joguei na minha boca. *Hummm, perfeito.* Continuei extraindo os pedaços cada vez mais rápido até que meus dedos encontraram a casca dura do pão. Meu Deus! Eu tinha acabado de comer *todo* o miolo, e agora aquele pão ridículo estava totalmente oco. *Merda, merda, merda.*

Não entre em pânico, eu disse para mim mesmo. *Basta pensar.* E se eu usasse um pouco de geleia para "colar" de volta no pão a extremidade que eu tinha cortado? Não custava tentar. Era uma saída bastante criativa. Fiz isso, coloquei o pão de volta na lata e tampei rapidamente. *La-la-la.* Ninguém precisava saber que eu tinha andado por aqui. Logo percebi que comer todo aquele miolo de pão tinha me dado uma sede danada. Era claro que tinha água da torneira, mas...

Abri a geladeira e vi que havia apenas uma garrafa de leite, ainda fechada. Muita sorte a minha. Obviamente, estava reservada para o cereal do café da manhã e para a xícara de chá do meu pai.

Meu Deus, como eu adoro leite, pensei, enquanto olhava para aquela garrafa cheinha. Decidi fazer um acordo comigo: eu beberia apenas três goles *pequenos* do leite e depois completaria a garrafa com água. Quem iria perceber?

O problema era que aquele leite tinha um sabor *tão bom* enquanto descia pela minha garganta que, quando percebi, não tinha sobrado... bem... quase nada. Esganado. Quando enchi a garrafa até a borda com a água da torneira o leite ficou com uma cor aguada estranha, mas agora o que podia ser feito para consertar aquilo?

Com um gesto suave, acomodei a garrafa de volta no fundo da geladeira e fechei a porta. O que os olhos não veem, o coração não sente; o problema estava resolvido de maneira criativa; mamãe não ficaria furiosa e blá-blá-blá...

Daí eu tive outra ideia. Eu estava sozinho na cozinha e aquela era a oportunidade de ouro para caçar outro item que eu estava terminantemente proibido de pegar: *açúcar*. Sem brincadeira, eu devia ser o maior viciado em açúcar do mundo, tanto que minha família sempre o escondia de mim. Naquele momento, como se fosse um drogado experiente, comecei a vasculhar a cozinha à procura de um pacote, desejando que minha mãe não tivesse escondido o preciso ingrediente na sua caixa de joias. Abri todos os armários, olhei em todas as gavetas, dentro dos potes e bules, além de todos os malditos esconderijos mais comuns. Finalmente, inspecionei o armário embaixo da pia e abri um sorriso.

Então era ali que ele estava.

O cantinho mais discreto do pacote de açúcar estava aparente atrás do cano da pia. Peguei o pacote como se fosse um troféu e levei até a mesa da cozinha. Mergulhando fundo com uma colher, peguei uma porção e enfiei na minha boca.

O açúcar explodiu na minha língua. Eu sempre adorei essa sensação do primeiro contato. O desafio estava em saber quando parar. Depois da segunda, terceira, quarta, quinta e sexta colheradas, o açúcar espalhava-se pelo meu corpo como se eu tivesse injetado combustível de foguetes. Juro que cheguei a ver estrelas.

Fiquei completamente louco. Subi na mesa, pulei sobre as cadeiras da cozinha, bati contra as paredes. Meu corpo estava totalmente fora de controle. Finalmente, saí pela porta da cozinha pela parte dos fundos, andando pela rua com os pés descalços.

Vou dar umas voltas no quarteirão, falei para mim mesmo. Dei uma volta, depois outra e mais outra. Nada. Ainda não era o bastante para gastar minha energia. Subi no capô dos carros estacionados no meio-fio e corri em zigue-zague diante dos portões de nossos vizinhos.

De repente, sem nenhum aviso, o nível de açúcar no meu sangue caiu a zero. Eu mal conseguia caminhar. Estava à beira de um fortíssimo choque provocado por uma overdose de açúcar.

"Minha cama", murmurei. Cada passo era um esforço imenso conforme eu cambaleava até o portão, e, não sei como, consegui escalar pela tubulação da calha até chegar ao nosso quarto.

"Mas que droga, Martin", reclamou Andrew, sonolento, empurrando-me para fora da cama por causa do calor e do suor do meu corpo. Fui parar no chão com o impulso e fiquei parado olhando para o teto, ofegante. Eu tinha sobrevivido a outro assalto noturno à geladeira... ou pelo menos era o que parecia.

Na manhã seguinte, acordei em meio aos gritos.

"Mick! Mick! Ah, meu Deus do céu! O que aconteceu com o pão? Está todo oco! Alguém atacou o pão."

Meu pai subiu as escadas com o cinto envolto em seus dedos. Eu sabia o que ia acontecer em seguida. *Pof! Pof! Pof!* Na hora de dormir, ele me mandou dormir no depósito onde guardávamos o carvão, junto com Major e Rex. Quando me enrolei na minha coberta, não consegui controlar o choro. *Aquilo não era justo.* Major e Rex me cheiravam com delicadeza. Eles conseguiam farejar o quanto eu estava triste e enfiavam os focinhos entre meus braços, para lamber o meu rosto e tentar me acalmar. Finalmente, deitaram ao meu lado e suspiraram fundo. Aquele abrigo tinha cheiro de cerveja Guinness velha, pastores-alemães e poeira de carvão.

Ao ouvir os cães respirando tão profundamente, comecei a me acalmar. Era sempre assim que acontecia. Sempre que havia apenas cachorros ao meu redor, e nenhum humano, eu me tranquilizava rapidamente. Major e Rex se enrolavam formando duas enormes bolas de pelos e caíam no sono. Eu me aconchegava no meio deles, bem pertinho daquela pelagem espessa e felpuda.

***

Se você acha que ter TDAH era complicado na minha casa, tente imaginar o que eu enfrentava na escola. A sala de aula era uma câmara de torturas para um garoto como eu. Na St. Patrick's School, onde eu estudava, os alunos tinham de permanecer totalmente imóveis em suas carteiras. Aquela *ideia genial* era só o que faltava para um menino com um transtorno como o meu.

Também havia uma batalha intensa para me forçar a escrever com a mão direita. A mão esquerda era associada ao diabo e, o que parecia ser ainda mais pecaminoso, produzia uma letra horrível. O meu maior inimigo, porém, era a temida lousa. Eu *odiava* aquilo com cada átomo do meu corpo. Por que diabos ninguém mais tinha problemas com ela?

Do meu lugar, eu observava as outras crianças fazendo as tarefas em silêncio. Ficar parado não era uma dificuldade para elas. Elas entendiam todas as palavras e os números assim que eles eram escritos na lousa e copiavam sem precisar fazer grandes esforços. Mas que droga, alguns alunos até *sorriam*! Aquilo era muito estranho para mim.

As coisas eram diferentes comigo. Quando eu olhava para a lousa, todas as letras e os números saltavam em direções opostas a ponto de eu achar que aquele quadro tinha magia negra. Por que aquela maldição revelava seus segredos para os outros, mas não para mim?

Para piorar as coisas, John e Andrew nunca tiveram problemas de aprendizado na escola. Ninguém na minha família tinha, a não ser eu. Minha mãe estudava economia na universidade quando conheceu meu pai e ficava perplexa por eu não conseguir ler nem escrever.

"Mas por que, *Mááártin*? Será que você não pode se concentrar mais? O que eu vou fazer com você?"

Meu pai achava que eu era um atrevido sem vergonha querendo chamar atenção. "Os seus professores obviamente não estão batendo em você o suficiente."

Os professores davam outro nome para o problema. "Faul, você não é atrevido. É burro." Eles também tinham uma receita: assim como meu pai, acreditavam que amarrar um cinto de couro ao redor da cabeça ajudava a aumentar a inteligência. Era apenas uma questão de apertar bem para expulsar a burrice. Descobri que as escolas abrigavam algumas das pessoas mais cruéis que existem no mundo — e não estou falando dos alunos. Estou me referindo aos professores. E, na minha escola, os piores agressores eram o professor Keeley e o professor Rollins.

"Será que o senhor Faul poderia fazer o *favor* de abrir o livro e se juntar ao resto da classe?" Quem dizia isso era o professor Keeley, o mais perverso de todos, quase todos os dias. "Isso se não for um esforço grande demais, sim, Faul?"

Todos os alunos da sala se viravam nas carteiras para olhar para mim. Eu olhava para o professor Keeley, com um ódio cada vez maior. Ele pegava um livro e dizia: "Isto... é... um... livro. Serve para *estudar*". Ele abria o livro. "Você... achará... mais... fácil... se... o... abrir."

Meus colegas riam nervosos. Eu cruzava os braços e o encarava. Ele não gostava nem um pouco da minha atitude.

"Bom, vou tentar explicar de outro jeito", ele zombava. "Será que o senhor *Burro* consegue pelo menos me imitar e *abrir* o livro?" O professor abria o livro outra vez. "E, quem sabe, pelo menos *fingir* que o lê?"

Reagir àquilo era uma questão de honra. Ele era tão horrível comigo — um verdadeiro agressor metido a valentão. Eu mantinha o olhar fixo nos olhos dele.

Ele soltava um suspiro teatral. "Ah, puxa vida. Parece que o senhor *Burro* precisa de uma aula especial sobre comportamento civilizado." O rosto dele de repente aparecia colado ao meu. "Estenda a mão. Você consegue fazer isso, Faul, ou eu preciso desenhar para você entender?"

Desta vez, os alunos riam mais nervosos que o normal. Todos nós sabíamos o que aconteceria em seguida. Eu continuei olhando direto para ele, com os braços cruzados. Respirei fundo e com ritmo, preparando-me para o que vinha.

A classe ficou em silêncio.

Keeley me encarou, deu meia-volta e caminhou até sua mesa. Cada passo dele fazia um barulho, mas dessa vez ninguém achou graça. Ele abriu a gaveta da mesa e tirou seu instrumento favorito, mostrando para todo mundo. Era uma tira de couro com trinta centímetros, com uma parte central de chumbo fino. Só Deus sabia onde ele tinha arrumado aquilo. Ele passou a alça de couro ao redor do punho.

Para praticar, deu umas chicotadas no ar. Ninguém movia um músculo. *Muito bem, aí vai.* Endureci os ombros e respirei fundo. Aquele velhote nojento não veria o mínimo sinal de medo nos meus olhos. Eu preferia devorar o meu próprio braço.

"Me dê sua mão", ele ordenou, com os olhos brilhando de satisfação. Mantive os braços imóveis. "Ah, puxa vida", ele continuou. "O senhor *Burro* está tão quieto! Vamos ver se conseguimos tirar algum ruído dele." *Splash!* Ele começou a me bater. *Splash! Splash! Tum!* Cada pancada que ele dava nos meus braços, costas e ombros provocava uma dor intensa.

Era difícil não gritar. Mordi meu lábio inferior para não deixar escapar nem um ai e concentrei-me em manter o olhar direto nos olhos dele, de forma que lhe pudesse mostrar *exatamente* o quanto eu o odiava.

Ele piscou e seu controle começou a enfraquecer. "Mas por que diabos você não abre a boca?", ele gritou. Ele começou a me bater com mais força e mais velocidade até concluir que não ia conseguir me dominar. Quando ele finalmente parou, estava ofegante. Enquanto puxava para trás uma mecha daquele cabelo ensebado, ele berrou: "Suma daqui! Direto para a sala do diretor, antes que eu *realmente* perca a paciência!".

Eu tinha vencido. Depois de afastar a minha cadeira, ergui a cabeça e olhei ao redor conforme passeava no meio das carteiras. Não tinha nenhuma criança rindo daquilo: todas estavam curvadas sobre os livros, fingindo que liam. Elas sabiam que, assim que eu saísse da sala, Keeley despejaria a sua frustração em cima de algum outro aluno. Quem seria a próxima vítima?

* * *

Mas vitórias como essa eram raras. Na maioria das vezes, os professores limitavam-se a me ignorar. Devia ser muito desgastante brigar comigo o tempo todo. Eu me sentia totalmente isolado, preso em uma bolha, enquanto o resto da classe trabalhava junto como se fosse uma equipe.

Eu ficava perplexo ao ver que John e Andrew conseguiam fazer as coisas e eu não. Eles ficavam incomodados com isso. "Pelo amor de Deus, fica quieto na cadeira e faz a lição", costumava dizer John. "Não vê que você cria problemas para nós também?"

Quanto mais eu tentava me concentrar, mais rápido todas aquelas letras e números corriam pela lousa, em uma confusão desconcertante. Eu não sabia ler nem escrever e, provavelmente, nunca aprenderia. Os professores continuavam a suspirar e a revirar os olhos, irritados. Da boca deles só saíam palavras de sarcasmo, como torneiras que ninguém poderia fechar.

"Você tem certeza de que não consegue nem escrever o seu nome?", perguntou-me o professor Keeley um dia. "Até os alunos mais estúpidos que tive até hoje conseguiram fazer essa coisa ridícula. Talvez a gente devesse mudar o seu nome para senhor *Extremamente Burro*, porque, sem dúvida, você é o aluno *mais idiota* que eu já vi."

Isso provocava mais gozação por parte dos meus colegas.

Depois desse dia, o professor Keeley só me chamava de "Garoto Burro".

Garoto Burro.

Keeley tinha razão. Se eu não conseguia sequer escrever o meu nome, devia ser um idiota.

Capítulo 6

O celeiro de Padraig O'Rourke

Eu não sei o que era pior: apanhar todos os dias do professor Keeley ou ter de vasculhar comida nas latas de lixo, como eu era obrigado a fazer agora, há quase um ano vivendo nas ruas. Às vezes, eu me perguntava se aquele "Garoto Burro" tinha conseguido ficar um pouco mais esperto, mas lá estava eu revirando as lixeiras do povoado de Castle Troy quando um carro entrou de repente na rua, vindo na minha direção.

Olhei ao redor em pânico. Só havia um lugar possível para eu me esconder: embaixo de uma caminhonete estacionada. Parecia que a estrada ia congelar minhas costas encharcadas. O carro passou, espirrando água gelada nos meus olhos.

Depois que o veículo desapareceu, arrastei-me para fora do esconderijo e observei o meu estado. Coberto com toda aquela lama e gelo, eu estava lamentável. Voltei a olhar para a lata de lixo, mas estava desanimado demais para continuar procurando alguma coisa ali. Preferi passar a noite com fome e apenas voltar para a companhia dos meus cães.

Ou será que já estava na hora de reconhecer a derrota e voltar para casa? Era a primeira vez nos últimos três meses que eu pensava nessa possibilidade. Sem aviso, a saudade me atacara com força, e eu senti uma necessidade louca e súbita de ir para casa e espiar minha família pela janela. *Você enlouqueceu, Martin?* Bastava pensar em uma visita secreta para meu coração disparar e minhas mãos começarem a tremer. E se meu pai me pegasse? Ele iria me prender no meu quarto, trancar a janela e mandar ver aquele cinto com mais violência do que nunca.

Mas tinha coisa pior: eu ficava apavorado em imaginar como seria para a minha mãe voltar a me ver. Nunca consegui me livrar da culpa pelo sofrimento que provoquei para ela. O que os vizinhos não devem ter fofocado depois que eu fugi de casa!

Porém, enquanto eu andava pela ferrovia rumo ao celeiro de Padraig, não conseguia afastar aquela ideia maluca da minha cabeça. Eu só queria dar uma espiada pela janela da frente. Meus pés me conduziram sobre os campos congelados até que cheguei a Garryowen, em frente ao portão da casa onde morava a minha família.

Era muito estranho estar em casa de novo.

As cortinas estavam erguidas, e a luz quente que saía pela janela da sala parecia um convite. Forcei meus pés a se moverem um pouco mais para perto e levantei a cabeça com cautela, para espiar por cima do parapeito. Prendi a respiração. Foi surreal: algo como observar a família perfeita mostrada nos programas de televisão. Meu coração bateu forte dentro do peito enquanto eu pensava *Como todo mundo está feliz!*

Minha mãe estava sentada em uma poltrona. Tudo o que desejei foi correr lá para dentro, pular no colo dela e dar-lhe um abraço bem forte. Eu nunca tinha visto minha mãe sorrir daquele jeito! Ela conversava alegre com a minha irmã, dando a impressão de que um peso imenso havia sido tirado dos seus ombros.

Então eu me dei conta: *eu* era o peso que havia sido tirado da vida dela.

Meus irmãos e irmãs estavam deitados sobre o tapete, assistindo à televisão todos juntos. Todos riam. Até Andrew e John tinham um ar mais despreocupado.

De repente, aquela cena me fez ver como eu tinha sido uma maldição na vida deles. Depois que fui embora, Andrew e John estavam livres para levar uma vida feliz e normal. *Minha família só era uma confusão quando eu estava por perto.*

Olhei para a calçada, tentando desesperadamente conter as lágrimas. Se eu fosse um garoto normal, se não fosse tão burro, poderia estar ali com eles. Poderia ser tão feliz quanto eles pareciam naquele momento.

Não resisti e olhei para dentro mais uma vez. Não dava para acreditar no meu pai. Seria ele mesmo? Ele estava rindo de alguma coisa da televisão e fazendo a minha irmã mais velha rir de uma piada. Parecia dez anos mais novo e estava claramente sóbrio. Naquele momento, ele não perdia para Cary Grant em nada. Não era de admirar que mamãe estivesse tão sorridente.

Meu corpo tremeu. Uma coisa era certa: eu não podia voltar e estragar tudo na minha família, não depois de ver o quanto eles eram felizes sem mim.

***

Quando cheguei novamente ao celeiro de Padraig e escalei a pilha de feno, eu me sentia totalmente desanimado. Acendi uma vela e vi que os cachorros já estavam dormindo. Eles abanaram as caudas com suavidade, mas não se preocuparam em levantar.

Afundei no feno. "Olá para todos", falei, sentindo-me um infeliz. Sabia que não podia me dar o luxo de ficar triste. Naqueles dias, toda migalha de energia precisava ser guardada para a sobrevivência. O melhor que tinha a fazer era me animar — e rápido. *Você está bem, Martin. Os seus cachorros são a sua família agora.*

"Eu só precisava de um abraço", falei baixinho, quase tão baixo quanto a minha respiração. Embora em geral eu odiasse abraços, eu realmente precisava saber que alguém gostava de mim naquela noite sombria. Sem coragem, rastejei pelo feno até chegar perto de Mossy e olhei para ele com carinho. "Tenho muita sorte por você ser meu amigo, garoto." Ele estava dormindo todo esticado e eu me deitei em frente a ele, tentando não incomodá-lo demais.

Eu me aconcheguei ao lado dele e respirei bem perto de sua pelagem quente, como costumava fazer com Major e Rex. Ele ergueu a cabeça um pouco, viu que era eu e caiu de volta no sono, fechando os olhos. A confiança que ele tinha em mim fez com que eu me sentisse melhor.

Passei meu braço sobre os ombros dele e, após alguns breves instantes de hesitação, abracei-o.

Ele se afastou, quase arrancando meu nariz.

"Seu cachorro estúpido!", gritei, sentando no feno. "Por que diabos você fez isso?"

Mossy olhou para mim por cima do ombro, ao mesmo tempo que voltou a se ajeitar no feno, enrolando o corpo novamente.

"Só pode ser brincadeira!", falei. Tudo que eu queria era um maldito abraço. E, afinal de contas, ele era o *meu cão*. Era seu trabalho ser abraçado e ainda gostar disso. Determinado, aproximei-me dele engatinhando. Ele se sentou e, em seguida, deliberadamente virou a cabeça para o outro lado e manteve a pose.

Por favor, me deixe em paz, dizia ele de forma bastante clara no idioma canino. Foi como se eu tivesse levado um tapa na cara. Agora, até mesmo o meu cachorro queria distância de mim.

"Pare de me mandar ficar longe!", berrei, sentindo o sangue subir à cabeça. Eu não conseguia me lembrar de ter sido tão magoado por um cão. Justo naquela noite, em que o mundo todo parecia um lugar frio e deserto, o meu melhor amigo se afastava de mim. "Por que você está se comportando desse jeito estranho e horrível comigo?", perguntei.

Mossy soltou aquele bocejo barulhento. *Esquece isso e relaxa*, ele me dizia com firmeza na linguagem dos cães.

"Não vou me acalmar droga nenhuma!", insisti. "Eu só quero um abraço seu!"

Os outros cachorros começaram a se sentar, ainda meio sonolentos. Olharam para o meu rosto e começaram a voltar a cabeça para o outro lado, parecendo uma fileira de estátuas. A linguagem corporal deles dizia a mesma coisa: *Por favor, deixe-nos em paz.*

"Isso é alguma brincadeira de mau gosto, é?" Eu socava o feno com o punho fechado. "Tudo o que eu faço é dar coisas para vocês, o tempo todo. Está na hora de vocês darem alguma coisa para mim em troca. *Um simples abraço*. Estou pedindo muito?"

Tentei me aproximar dos cachorros. Eles bocejaram, viraram a cabeça para o outro lado e desviraram o olhar.

"Eu não ligo a mínima se vocês querem me abraçar ou não", respondi. "Ou vocês me abraçam ou podem ir embora deste celeiro hoje mesmo!" Nesse momento, os cachorros mostraram seu descontentamento, afastando-se das minhas mãos estendidas. Percebendo o quanto eu estava me comportando como um louco, eu me sentei no feno, ofegante. Aí, uma coisa estranha aconteceu. Os cachorros começaram a brincar uns com os outros. Em poucos segundos, a brincadeira ficou mais intensa, como se fosse uma briga em meio a rosnados e perseguições. A brincadeira de gato e rato de Red e Pa estava começando a ficar séria. Eles pulavam um sobre o outro, apoiando as patas no pescoço e dando mordidas firmes.

De repente, entendi por que aqueles cães não queriam me abraçar: *para eles, o abraço fazia parte da luta.*

Não era de surpreender que Mossy tivesse se assustado quando eu tentei abraçá-lo e ele estava quase dormindo. Ele achou que eu estava tentando brigar enquanto ele se encontrava vulnerável. Quanto aos outros cães, eles não tinham se afastado porque não gostavam de mim — só não queriam lutar comigo enquanto eu estivesse em um estado de ânimo tão alterado e estranho.

"Tudo bem, agora vocês já podem se acalmar", falei. Os cachorros pararam com a brincadeira de luta e olharam para mim com cautela. "Só tive um dia difícil, mas agora estou bem. Me desculpem se assustei vocês."

Como estava difícil acalmá-los, emiti um bocejo longo e lento, fechando meus olhos devagar. A energia tensa daqueles animais rapidamente perdeu intensidade. Eles se sacudiram.

Tentei entender o que eu tinha acabado de descobrir. "Não seja idiota, Martin", falei em voz alta. "Todo mundo sabe que os cães adoram abraços. Tem gente abraçando cachorro em todos os filmes que você já viu. Eles adoram! Lembra-se dos cachorros da televisão? Lembra-se da Lassie?" Mas eu não conseguia tirar da cabeça a ideia de que, para eles, abraçar era um sinal de agressão, e não de carinho. Como eu já tinha feito antes, senti a necessidade de testar a minha teoria, mas para isso era preciso acalmar os cães primeiro. Quinze minutos de bocejo conseguiram relaxar todos a tal ponto que eu já conseguia fazer carinho em todos eles.

Sim, eles confiavam em mim novamente. Primeiro eu tentei com Pa. Deslizei meus braços em torno dele com carinho. "Bom menino, cara.

O que você acha disso?" Pa lambeu meu rosto energicamente. "Eca!" Eu o soltei rapidamente, limpando a boca com nojo. "Por que você fez isso? Você sabe que eu odeio quando você lambe minha boca." Observei com atenção a reação facial dele: sua respiração ofegante estava mais pesada do que o normal e sua expressão parecia exagerada. Ele parecia estar fazendo uma *careta* em vez de sorrir. Eu o abracei outra vez. Ele se afastou dos meus braços, com a cabeça virada para o outro lado o máximo que podia. Em outras palavras, estava me dizendo para deixá-lo em paz. Quando eu tentava abraçá-lo, ele se esforçava para lamber a minha boca. Imaginei que lamber a cara de alguém fosse uma maneira de Pa de dizer: *Ei, por favor, me dê um pouco de espaço*. Eu tinha visto ele fazer isso com outros cães várias vezes, até conseguir ficar sozinho. Parei de abraçá-lo e na hora ele parou de tentar me lamber daquela maneira irritante.

Em seguida, tentei abraçar Missy. "Venha aqui, menina", falei com suavidade. Quando fiz menção de fechar os braços ao seu redor, ela saltou como se fosse um boneco de mola. Sempre que eu tentava, ela se contorcia ou se afastava. "Está claro que você também não gosta de abraços."

"Olá, amigão", falei enquanto me aproximava de Fergus. Quando escorreguei meus braços ao redor dele, ele ficou imóvel — de uma maneira nada natural. Em seguida, começou a ofegar e a fazer caretas, como Pa tinha feito. Bem devagar, ele afastou a cabeça para longe de mim. "Desculpe, garoto", eu me desculpei e o deixei se afastar. Sentindo-se livre, ele sacudiu o corpo todo. De novo, aquele gesto ridículo de sacudir-se. Por que diabos os cachorros adoram fazer *isso*? Decidi tentar uma técnica diferente com Fergus; desta vez, passei um dos meus braços sobre o ombro dele e ficamos sentados lado a lado, como dois grandes amigos. "O que você acha, Fergus?", perguntei. "Dá para dizer que você gosta pelo menos um pouco ou você odeia?" Fergus claramente não tinha gostado e fingiu mordiscar uma pulga na base da cauda, numa manobra inteligente, deslizando por baixo do meu braço. Eu ri. "Muito bom." Tentei de novo e ele repetiu a manobra.

Era a vez de Red. Quando eu o abracei, ele se ergueu com tanta força que atingiu o meu queixo e eu caí para trás, soltando-o na hora. "Ai, seu maldito! Você fez de propósito." Na segunda tentativa, ele me empurrou tão forte que meus olhos ficaram cheios de lágrimas. "Nada feito. Dá para ver que você também não gosta de abraços", falei, passando a mão no meu queixo atingido. "Meu Deus, precisava me machucar desse jeito?"

Olhei para Blackie, que se limitou a soltar um ruído que vinha do fundo de sua garganta. "Certo, já entendi. Acho que você não quer nem tentar." Sem nenhuma disposição de arriscar perder a cabeça, voltei-me para Mossy, o primeiro da minha lista.

"Vamos ver o que você acha de um abraço, garoto." No início, ele gostou — ou pelo menos foi o que pareceu. Ele se aproximou, olhando para mim com uma expressão realmente sentimental.

"Bem", falei, surpreso. "Acho que eu me enganei." Continuei abraçando Mossy com suavidade, mas aí ele se mostrou desconfortável com o meu abraço. Quando me recusei a soltá-lo, ele ficou mais intenso. Em alguns movimentos, os dentes dele atingiram meu pescoço e minhas orelhas, conforme ele agitava a cabeça como numa brincadeira. Nesse movimento, ele atingiu o meu nariz em cheio e, para piorar, sem avisar lambeu minha boca bem entre os lábios, passando a língua. *Que nojo!* Desisti. Exausto, acomodei-me no feno, apaguei a vela e puxei uma camada grossa de palha para fazer as vezes de coberta. Minha cabeça não parava de girar.

Mas e aquelas propagandas tão lindas da televisão? E todos aqueles filmes de Hollywood, nos quais os donos viviam abraçando seus cachorros? Eu tinha crescido com essas imagens. Os cães pareciam tão inacreditavelmente felizes — seria assim mesmo? Tentei me lembrar da expressão deles com mais precisão. Será que os cachorros da tela estavam fazendo uma expressão de alegria ou apenas ofegantes por causa do estresse, ou talvez as caretas apenas demonstrassem o desconforto daqueles animais?

Outra explicação veio à minha mente. E se eles tivessem sido treinados para ficar quietos e aceitar o abraço dos atores humanos? Era loucura, mas todos os meus instintos me diziam que eu estava certo: para os cachorros, "abraçar" fazia parte do ritual de lutas. De brincadeira ou a sério, não tinha para eles o significado afetivo identificado pelos humanos — e mesmo assim fazíamos questão de continuar abraçando os animais. *Pobres cães*, pensei, um pouco antes de cair no sono. *O que mais será que eles estão tentando nos dizer?*

Capítulo 7

Forasteiros

A minha convivência com os cachorros tinha me levado a pensar um pouco sobre como tinha sido a minha convivência com os seres humanos. Por que as pessoas aparentemente tinham tanta dificuldade para compreender e aceitar os outros? Por que a minha família era tratada como um bando de forasteiros só porque minha mãe era alemã? Todas essas perguntas me lembraram do dia em que, durante uma partida de futebol, toda a hostilidade contra nós finalmente eclodiu.

Minha mãe estava assistindo ao jogo conosco, os filhos, pela televisão. Todos nós comemoramos quando o time do coração dela, a Alemanha Ocidental, venceu a partida. "Foi *marrafilhosso*!", ria minha mãe. "Jogaram muito bem e mereceram ganhar. Muito bem, Alemanha! Hoje vamos fazer uma festa para comemorar!"

Meu pai estava fora participando de umas manobras de transporte com o Exército, e meus irmãos e irmãs mais velhos também não estavam em casa. Pela primeira vez, nós, os menores, estávamos muito felizes por ter a mamãe só para nós.

De repente, ouvimos um coro vindo lá de fora. "Nazistas! Nazistas! Nazistas!" Eram uns garotos que avançavam na direção da nossa casa, gritando ofensas. Todos os moradores de Garryowen que tinham assistido à importante partida estavam furiosos com o fato de seu time favorito ter perdido aquele jogo. Como minha mãe era a única alemã que vivia nas redondezas, as crianças decidiram que ela seria o alvo.

Para ajudar, os comentaristas esportivos haviam contribuído para aquela reação ao depreciar a equipe alemã, acentuando a indignação das pessoas. Andrew, John e eu sabíamos o quanto os alemães ainda eram odiados, mesmo depois de tanto tempo após a Segunda Guerra Mundial. As crianças devoravam histórias em quadrinhos, e todo mundo sabia quem eram os heróis e a quem cabia o papel de vilão. Era fácil identificar quem era "do bem": sempre tinham queixos proeminentes e sotaque americano ou inglês. Já a turma "do mal" exibia olhos cruéis e falava com sotaque alemão. Nós três éramos extremamente protetores em relação à nossa mãe e seu sangue alemão. Como não admirá-la? Era ela quem garantia a unidade do nosso mundo à custa de sua alma e de seu coração, lutando todos os dias para dar conta de tarefas que ocupariam dez homens.

A gritaria lá fora ficou mais intensa. "Nazistas! Nazistas! Nazistas!" Catorze garotos estavam reunidos na rua, sentados na calçada em frente à nossa casa. "Voltem para casa, seus nazistas", gritou um dos garotos, antes de começar a vaiar. Os outros aplaudiram.

"Por favor", implorou minha mãe. "Não deem atenção. Se a gente ficar aqui dentro, eles se cansarão e irão embora."

As vozes foram ficando mais altas e mais raivosas. "Sua cadela nazista! Volte para a Alemanha e leve esses filhotinhos de Hitler junto!" Alguém atirou uma pedra na nossa casa, depois outra. Minhas irmãs correram para o colo da minha mãe. Começou uma chuva de pedras, acompanhada de insultos mais efusivos e mais violentos. Nós assistíamos a tudo pela janela, impotentes.

"Ninguém vai lá! Eles vão machucar vocês!", pediu ela.

Olhamos para a nossa mãe.

"Não liguem para o que eles estão falando. Eu não sou nazista. Vocês sabem o quanto eu os odeio. Eles destruíram nosso país e nossa cultura. Foi *porr* isso que eu saí da Alemanha quando era jovem: para fugir do horror e da vergonha."

Uma pedra grande atingiu a porta da frente.

"Venham aqui para brigar com a gente, seus clones monstruosos!", berrou um menino, em voz mais alta do que os demais.

John, Andrew e eu trocamos olhares. Como de costume, parecia que o mundo inteiro estava lá para nos pegar, mas nós íamos proteger nossa mãe e nossas irmãs. Como aqueles covardes se atreviam a se juntar para gritar ofensas contra nossa inofensiva mãe? Íamos ficar quietos, escondidos como ratos? Nada disso. "Ninguém ameaça a mamãe", falou John, sereno. Concordamos com a cabeça, lembrando do nosso lema secreto: *Se for para lutar, vamos até o fim. Ninguém fica para trás.*

Saímos antes que nossa mãe pudesse nos deter. Fomos até o depósito de carvão, onde guardávamos os nossos tacos de *hurling* e demos a volta na casa, abrindo a porta da frente. Saltamos direto da varanda rumo ao bando de catorze moleques que berravam e zombavam da nossa família. À frente do grupo estavam Malarky, Ger e Nane, três dos piores valentões de Garryowen.

Tum! Senti quando o meu bastão de *hurling* atingiu a canela de Malarky. Ele uivou de dor e se curvou. *Crack!* Meu bastão voltou-se para o alto, pegando agora a cabeça dele. *Merda!* Alguém me acertou um soco no rosto e eu bati com força no olho dele, usando a ponta do meu bastão de *hurling*.

A batalha foi ficando cada vez mais intensa até chegar ao ponto em que tudo acontecia tão rápido que tudo o que podíamos fazer era ficar em pé e atingir os nossos agressores o quanto fosse possível. John e Andrew mandavam ver com o bastão de *hurling*. Como sempre acontecia, quando nós três lutávamos juntos, lutávamos muito bem. Não há nada como ter dois irmãos valentes lutando ao seu lado, sabendo que eles são tão decididos quanto você.

Quando a confusão terminou estávamos todos acabados, mas era claro que os trigêmeos tinham vencido. Nós estávamos inteiros; nossos adversários não.

Malarky, o líder valentão, não conseguia se levantar para caminhar. "Vamos lá", ordenou a seus dois comparsas. "Vamos cair fora daqui." Ele se virou para mim, cuspiu no chão e foi embora. Ger e Nane se levantaram e o seguiram, os três tentando cuidar dos ferimentos sangrando conforme se afastavam mancando. "Eu vou pegar você, Faul!", berrou

Malarky para mim, olhando para trás. Estava furioso porque eu o fizera parecer um lutador fracassado. Eu, o moleque burro e magricela da escola, o pirralho entre os trigêmeos, tinha dado uma surra nele na frente de tudo mundo.

"Covardes!", gritou Andrew para os três.

Eles devolveram algumas ameaças, mas nós nos limitamos a rir, enquanto eles continuram andando.

O resto de nós (os outros onze garotos e nós três) nos sentamos na calçada. Estávamos ofegantes, com machucados no nariz e alguns cortes, fazendo caretas conforme examinávamos nossos ferimentos de guerra.

Um pequeno vira-latas que pertencia a Seamus O'Keefe aproximou-se e lambeu o nariz ensanguentado do seu dono. O menino estava deitado de costas sobre a calçada. "Cai fora, Mickey", ele resmungou, cansado.

Uma porta se abriu sem aviso no final da rua. Sem que ninguém esperasse, o senhor McGowan caminhou pela calçada na nossa direção, soltando faíscas pelos olhos para todos os lados. Ele era um vizinho do tipo que não espantava sequer uma galinha. Olhou para cada um de nós. "Por que vocês estão tentando se matar, seus moleques?", ele perguntou, com voz brava. "Idiotas! Vocês deviam é lutar contra os *ingleses*, e não uns contra os outros. Somos todos irlandeses aqui, vocês sabiam? E nunca se esqueçam disso!"

Surpresos, observamos enquanto ele caminhava com passos duros pela calçada de volta em direção ao portão de sua casa, até desaparecer lá dentro, batendo a porta ao entrar.

Michael, que morava na casa ao lado da nossa, abaixou a cabeça, tomado pela vergonha. "Desculpem, Faullies. Por favor, peçam desculpas à mãe de vocês por nós."

Os outros fizeram gestos de que concordavam. "Desculpem", disseram.

Michael sacudiu a cabeça com tristeza; em seguida, estendeu a mão. "Amigos?"

John, Andrew e eu olhamos uns para os outros. "Claro", falou John, apertando a mão do menino. "Amigos." Ele então falou, com um olhar decidido: "Mas é melhor vocês falarem para os outros deixarem a nossa mãe em paz. Ela não é nazista e nem nós".

Trocamos apertos de mão cautelosos, restaurando a nossa honra celta.

Apenas aqueles três covardes tinham saído de fininho, sem pedir desculpas.

Na manhã seguinte, descobrimos uma suástica azul pintada na porta de nossa casa no meio da noite por Malarky, Ger e Nane. Parecia que agora nós tínhamos três inimigos com que nos preocupar.

***

Nós três não éramos os únicos forasteiros de Garryowen. Eu gostava dos excluídos porque, em geral, eles tinham opiniões diferentes do resto das pessoas. A maneira incomum deles de olhar o mundo sempre abria novas portas para a minha mente.

Os forasteiros mais conhecidos de Garryowen eram os ciganos que viviam em Rhebogue. Meus irmãos e eu adorávamos perambular pelas proximidades do acampamento deles. As ciganas mais velhas também eram simplesmente fascinadas com a gente. "Vocês três são muito *especiais*, sabiam?", falavam elas, fazendo carinhos em nossos rostos e dando beijos afetuosos nas nossas testas. "Aqui, queridos. Um beijo para cada um de vocês. Vocês têm a proteção dos ciganos."

Eles eram diferentes em outros aspectos. Fumavam um cachimbo de madeira e ficavam sentados em antigos bancos de carro, dispostos ao redor do espaço onde ficava a fogueira. Algumas famílias ainda moravam nos tradicionais veículos de madeira pintados de cores vistosas; a maioria tinha *trailers* modernos puxados por camionetes.

Mas o que mais chamava a atenção nos ciganos era o ouro. Eles tinham ouro nos dentes, em adornos pendurados nos punhos e no pescoço e nos anéis, em quase todos os dedos. A maioria das lindas joias também exibia alguma pedra preciosa — diamantes, rubis, esmeraldas ou safiras. Parecia que eles tinham ido passar férias na caverna do Aladim e trazido um monte de tesouros como lembrança.

Rapaz, eu tinha sérias brigas com os meus dez dedos gatunos, mas até eu tinha medo de roubar dos ciganos. Diziam que quem roubasse ouro de ciganos carregaria uma maldição para o resto da vida. Rá! A última coisa que eu precisava era de *mais azar*, e por isso os meus dedos deixavam o ouro dos ciganos para lá.

Eu realmente gostava e respeitava o líder dos ciganos, Charlie Clarke. Ele tinha cachos que caíam e formavam nuvens cinza sobre seus ombros. Seu rosto parecia uma peça de couro envelhecida. Ele comandava todos no acampamento e também era o responsável pelos animais. Ele sempre foi rígido comigo para que eu não aborrecesse os animais deles com afagos intermináveis. "Deixa o cachorro em paz", falava. "Você não percebe que está sendo chato? Observe as orelhas dele. Elas estão dizendo o quanto você o está perturbando."

O acampamento de ciganos de Charlie Clarke era um lugar sedutor para flertar com o perigo. Durante um bom tempo, meus dedos ladrões me *suplicavam* para pegar emprestado um dos cavalos deles. Uma noite, bem tarde, finalmente consegui convencer John e Andrew a entrar escondido e roubar três cavalos de Charlie para um passeio à meia-noite.

"Vamos lá, vai ser divertido", eu falei, sentando na beira da cama.

Meus irmãos olhavam para mim receosos. "Você só pode estar brincando", falou Andrew, finalmente. "O Charlie vai nos esfolar vivos."

John sacudiu a cabeça. "Você pirou. Volte a dormir."

"Rá, vocês estão com medo... ou vêm comigo?" Essa era a nossa provocação particular e sempre dava certo.

Hesitantes, meus irmãos me seguiram quando calcei os sapatos. Ainda vestidos de pijamas, saímos do quarto pela tubulação da calha e pegamos a estrada rumo ao acampamento dos ciganos.

"Não é demais?", perguntei, cheio de alegria.

Entramos no espaço do acampamento desejando que os cachorros dos ciganos não começassem a latir. Uma legítima névoa irlandesa subia da grama, envolvendo-nos com seu toque suave e úmido.

Meu sangue tremeu dentro do meu corpo quando entramos no espaço onde ficavam os cavalos. Não dava para ver nada, e era preciso sentir o caminho à nossa frente usando os pés e as mãos abertas.

"Escutem com atenção", falei, baixinho. "Ou a gente nunca vai saber onde eles estão."

"Estou ouvindo um deste lado", respondeu John, em um sussuro. "Este é o meu."

"Eu vou pegar este aqui", sussurrou Andrew, afastando-se.

Continuei vagando naquela escuridão total com os braços estendidos à minha frente, prestando atenção aos ruídos. Eu sabia que tinha de haver pelo menos nove cavalos pastando em algum lugar daquele campo. Ouvi um ronco agudo e, em um piscar de olhos, os cascos de um cavalo trovejaram na minha direção em pleno breu.

Acho que a gente assustou os cavalos e agora eles estão partindo para cima de nós.

De súbito, lembrei o que Charlie fazia para conter os cavalos e repeti as palavras que ele usava no meio daquela escuridão: "Calma. Quieto. Parado. Fique calmo, cavalo. Fique aí e se acalme".

Dos dois lados, eu ouvia os meus irmãos repetirem o mesmo refrão firme. Juntos, conseguimos ficar firmes, conforme percebíamos a terra debaixo de nossos pés tremendo.

Acabou. Agora vamos morrer.

Em seguida, ouvimos o som ensurdecedor dos cavalos imensos derrapando na nossa direção. Meu coração voltou a bater quando eles pararam. *Meu Deus, essa foi por pouco!* Senti o toque delicado dos lábios superiores dos cavalos se movendo sobre o meu corpo conforme eles tentavam descobrir pelo cheiro quem eu era.

Foi então que me lembrei das palavras sábias de Charlie Clarke: "O maior teste de confiança é soprar nas narinas de um cavalo", ele tinha me dito inúmeras vezes. "E sabe por quê? Porque o cheiro da respiração não mente." Ele apontava o cachimbo para mim e dizia: "Um cavalo consegue sentir o cheiro exato das suas intenções, se a pessoa é bondosa ou cruel. Eles sempre conseguem sentir o cheiro do que há de verdade em seu coração".

Com suavidade, soprei na direção das narinas do cavalo, tentando me manter o mais calmo e sereno possível. "Calma. Quieto, cavalo. Fique calmo", repeti. Do meu lado, eu ouvi que Andrew e John também acalmavam os cavalos. "Vocês estão prontos?", perguntei, devagar. Se estávamos todos bem, a aventura poderia recomeçar.

"Prontos", responderam.

Eu já havia montado em vários cavalos dos ciganos, mas nunca à noite e *jamais* sem a autorização de Charlie. Eu me agarrei em uma mecha da crina desgrenhada e me ergui para montar. Por alguns instantes, meu nariz tornou-se uma total mistura de crina com névoa úmida. Mas aí a minha perna me acompanhou, e logo eu estava montado no animal.

Nós não precisávamos de selas, arreios nem rédeas — não depois de todas as vezes que montamos ao lado das ciganas crianças. Elas nos ensinaram a nos equilibrar montando direto sobre o pelo do cavalo. Prendi meus dedos com força na crina, finquei meus pés na lateral do corpo do cavalo e segurei o grito quando ele avançou.

O enorme cavalo começou num movimento lento e foi aumentando a velocidade até que estávamos galopando loucamente naquele campo escuro como breu. Se a gente estava preocupado com o risco de cair e quebrar o pescoço? Nem um pouco.

Meu coração cantava de alegria. O cavalo bufou feliz embaixo de mim conforme suas patas imensas venciam o chão. Meus irmãos e eu parecíamos guerreiros celtas de dois mil anos atrás, partindo a galope para atacar o castelo dos nossos inimigos.

Tudo o que eu queria fazer era jogar minha cabeça para trás e uivar de alegria! Aquilo era bem mais divertido do que jogar *hurling*!

Então, no meio da névoa surgiu a figura de um homem. Uma tocha iluminou seu rosto assustador. Era Charlie.

Os cavalos derraparam para conseguir parar, tão assustados quanto nós. Todo mundo sabia que era proibido montar nos cavalos de Charlie sem a autorização dele. Eu não conseguia desviar os meus olhos do rosto dele. Nunca o tinha visto tão sem expressão. Charlie sequer trazia a sua habitual varinha — em vez disso, sua mão segurava um chicote ameaçador.

"Desçam desses cavalos", ele falou, tranquilo. Quanto mais suave, mais assustador ele parecia.

Eu deslizei pela parte traseira do cavalo, já com um monte de desculpas desesperadas querendo saltar da minha boca. "Olá, Charlie. Você não vai acreditar, mas encontramos esses cavalos na estrada, perseguidos por um cachorro terrível e..." Assim que meus pés encostaram no chão, o cavalo saiu na maior disparada que suas pernas podiam encarar. Ele não era bobo.

Charlie agitava o chicote sobre a palma de sua própria mão. "Você vai precisar arrumar uma mentira melhor", ele falou, calmamente.

Meus irmãos se juntaram a mim, nós três parados diante dele, tentando achar uma versão para o resgate dos cavalos ameaçados por um cachorro feroz.

"Muito bem", ele falou, quando acabamos de contar. "Vocês conhecem o combinado." O chicote dele nos atingiu com velocidade e violência até começarmos a gritar de dor, em agonia. Nossa, Charlie sabia usar aquela coisa. Finalmente, ele parou de bater. "É isso. Está feito." Ele pegou seu cachimbo, deu umas tragadas e nos deixou chorar à vontade. Então, decretou: "Já chega".

Secamos os olhos com as mangas da roupa.

Ele olhou para nós com firmeza. "Vocês sabem que aqueles cavalos vão ter de trabalhar duro amanhã. Não dá para deixar que três tontos como vocês fiquem correndo com eles por aí, cansando os animais. No escuro, para piorar. Idiotas! Se eles caíssem e quebrassem uma perna, teriam de ser mortos. Isso é *fácil* de acontecer, sabiam?" Charlie estalou os dedos como se quebrasse um graveto. "O problema da maioria das pessoas é que, com relação aos animais, ninguém pensa nas *consequências*." Charlie nos olhou com firmeza para garantir que tínhamos entendido e, com um gesto da cabeça, apontou para o povoado. "Vão embora daqui. Voltem para casa e não vamos mais falar disso."

Naquela noite, nos arrastamos com dor até nossa cama. Eu escutava meus irmãos ao meu lado, suspirando de cansaço e caindo no sono, mas eu continuava pensando naqueles cavalos ciganos magníficos trotando na escuridão e quebrando uma perna. Durante horas, não consegui dormir, com as palavras de Charlie se repetindo no meu ouvido.

"Ninguém pensa nas consequências."

***

Jack McNamara era um personagem bem diferente dos ciganos. Era um forasteiro excêntrico que vivia nos arredores de Garryowen e consertava cortadores de grama para ganhar a vida. Ele me ensinou a questionar tudo. Tinha um orgulho imenso por ser irlandês. Todos os cômodos de sua casa, do chão ao teto, estavam forrados com milhares de livros.

"Para que servem essas coisas inúteis?", perguntei, torcendo o nariz para aquele cheiro de mofo.

Ele me devolveu um sorriso triste e fez um gesto grandioso apontando para as estantes. "Dentro desses livros tem *tudo* sobre como derrotar o império britânico."

Olhei para os livros, sem me impressionar. "Você é maluco, Jack."

"Ah, pode rir, garoto. Mas acredite no que eu digo: a resposta está em algum lugar daqui." Ele afagou um dos livros como se acariciasse um cão fiel. "Isso mesmo. Um dia eu vou encontrar a resposta num desses livros de história e *tum*! Aquele maldito império britânico sanguinário vai desabar e libertar a Irlanda de suas amarras coloniais!"

Era fascinante ouvi-lo falar. Ele me contou sobre o declínio dos assírios, babilônios, egípcios, fenícios, persas, chineses, indianos, mongóis, gregos, cretenses, maias, etruscos e do império romano até blá-blá-blá — meus ouvidos não aguentavam escutar mais nada.

No final dessas conversas, eu sempre acabava limpando a saliva de Jack do meu rosto. "Calma, Jack", eu dizia. "Tudo isso aconteceu há muito tempo. Você está ficando nervoso. Vamos, fique calmo. Assim você me assusta." A ideia de acalmar outra pessoa, para variar um pouco, me parecia divertida.

Uma tarde ele ficou realmente alterado enquanto falava sobre a rainha Vitória. "Traficante de drogas! É isso o que ela era — ela e o resto dos ingleses endinheirados. Fizeram a China inteira ficar viciada em ópio! Trouxeram aquela porcaria da Índia. Quão *perverso* é isso?", ele berrava. "Transformaram milhões de chineses em viciados só para conseguir *arrancar* a grana deles!"

A saliva dele pousava no meu rosto e eu limpava as gotas com a manga da minha camisa. "Não fique nervoso, Jack."

Ele fez um gesto de descontrole no ar. "Na verdade, a rainha Vitória foi uma das *piores* malditas traficantes de droga que já passou por este mundo. Esqueça os cartéis colombianos e os senhores do tráfico! O *Palácio de Buckingham* não passa de uma imensa *mansão* ocupada por traficantes! Ninguém conseguiria erguer e decorar uma construção daquele tamanho vendendo malditos *chazinhos* para as donas de casa inglesas!"

"Está tudo bem. Acalme-se, Jack."

Ele começou a andar pela sala. "Meu Deus! Quando eu começo a falar sobre o maldito Palácio de Buckingham, logo preciso de uma bebida forte", falou, com determinação. Em seguida, saiu da sala e voltou com uma garrafa, que depositou com força sobre a mesa.

Na hora eu reconheci o que era e senti meus olhos arregalarem e meu coração acelerar. Era *poteen*, uma típica aguardente irlandesa produzida em casa. "Vai firme, Jack. Um trago para mim também, tá?", falei, animado. Até então eu só tinha bebido cerveja Guinness, uísque e sidra, mas nunca o famoso *poteen*. Na época, a aguardente era considerada a bebida mais perigosa e máscula, respeitada até pelo meu pai.

Jack negou com a cabeça. "De jeito nenhum. Seus pais me esfolariam vivo."

"O quê? Você deve estar brincando. Bebo isso há anos. Coloca um trago para mim aí, Jack." Eu insisti tanto que ele acabou concordando.

"Tudo bem, mas não vai abrir a boca, viu?", ele advertiu. "Eu preciso me concentrar."

Corri para pegar a garrafa, mas quando meus dedos estavam quase conseguindo, a mão de Jack agarrou meu punho como se fosse um viciado. Ele olhou para mim. "Senta aí, moleque", mandou. "Se você errar com isso aqui, pode *ficar cego*. Ou morrer." Olhando fixamente para a garrafa, ele pegou seu isqueiro e o segurou com cuidado bem perto do gargalo. Devagar, Jack começou a abrir a tampa, mas logo fez uma pausa. Seus olhos encontraram os meus.

Vai logo, pensei. *Coloca logo essa coisa no copo.*

"Antes de beber uma única gota, você precisa conferir a cor da chama. Tem que ver se é seguro." Ele acendeu o isqueiro, e nós dois ficamos observando uma chama alongada que se prolongava tranquilamente rumo ao alto.

Jack lambeu os lábios e declamou: "Se ficar vermelho, prepare o caixão. Se ficar azul, beba sem preocupação". A chama tremeu e logo adquiriu uma tonalidade azulada.

Não deve nos matar, então.

Jack olhou nos meus olhos e deu um sorriso sombrio. "Você primeiro, jovem amigo." Ele deslizou a garrafa sobre a mesa na minha direção. "Eu abro a garrafa, mas você serve sua dose. Não quero ser condenado por homicídio culposo. Se acontecer qualquer coisa com você, vou negar tudo."

Estendi a mão e, devagar, despejei aquele líquido claro no meu copo. Só o vapor bastaria para fazer um bom estrago. *Urg!* Eu soprei rapidamente para combater aquele cheiro forte, levei rapidamente o copo à boca e joguei o líquido direto na minha garganta.

Ah, merda.

Minha boca, minha garganta e minha cabeça explodiram como se eu tivesse sido atingido por napalm. Corri para fora da casa e vomitei violentamente no gramado recém-aparado do Jack. Em seguida, desabei no chão, com o rosto contra a grama.

Meu Deus.

O quintal girava. Se eu quisesse sobreviver, não poderia me mover.

A voz de Jack McNamara cortou a noite, parecendo distorcida. "Agora você viu, meu rapaz. As pessoas costumam dizer que quem bebe *poteen* pela primeira vez divide o trago com o demônio. Você acha que é verdade?"

Depois de vomitar abundantemente mais uma vez, ficou claro que o demônio e eu nunca mais voltaríamos a dividir um copo de *poteen* outra vez.

Capítulo 8

A Feira de Cavalos de Garryowen

Viver por conta própria me obrigava a descobrir maneiras de conseguir algum dinheiro para poder comer. Eu mal podia esperar pela abertura da Feira de Cavalos de Garryowen. Finalmente, eu teria uma chance de ganhar uma grana para comprar uma comida quente! Mas eu ainda estava parado na linha do trem, imaginando o que fazer com os malditos cachorros.

Eles estavam rondando as minhas pernas, implorando para serem incluídos na aventura. Às vezes, os seis cães pareciam bolas com correntes presas aos meus tornozelos, contendo minha liberdade.

Eles olhavam para mim com olhar de súplica. *Por favoooor, deixe a gente ir junto.*

Aqueles miseráveis conseguiam me fazer morrer de pena deles. Endureci o jogo. "Desculpem, mas nem pensem em vir comigo hoje. Não para perto dos cavalos." Virei a cabeça para o outro lado, fechei os olhos e respirei devagar, a fim de reforçar a minha mensagem. Em seguida, cruzei os braços para mostrar que não tinha negociação. Em outras palavras, eu estava me comunicando na linguagem corporal deles: *Respeitem o que estou pedindo, por favor, e deixem-me sozinho.* Como sempre, funcionou direitinho. Os cães me deram um último olhar de súplica antes de se afastarem.

A feira acontecia no Garryowen Horse Green, instalado no alto de um enorme monte de terra ao lado do povoado. No passado, o local havia acomodado a câmara mortuária de um antigo rei. Era tão grande que parecia uma ampla colina coberta de grama e com um topo tão plano que lembrava um prato.

Sob a névoa do amanhecer, eu corri o mais rápido que pude. Meus pés se aceleraram quando ouvi os ruídos familiares da feira de cavalos. Carros antigos arrastando reboques de cavalos em meio à lama. Relinchos de animais assustados. Patadas irritadas ouvidas de dentro de caminhões que chacoalhavam ao se deslocar. Homens tossindo ao fumar o primeiro cigarro do dia. Corri no meio dos carros e reboques para encontrar quem eu estava procurando.

Chance Casey.

Diziam que ele era um cigano que tinha parado de vagar e se estabelecido em Garryowen. Agora ele era o melhor negociante de cavalos da região. Meus olhos vasculharam a multidão em busca dele.

Os negociadores de cavalo constituíam uma antiga tradição na Irlanda e Chance era um dos melhores. Ele ajudava as pessoas a comprar e a vender animais usando sinais secretos feitos com as mãos e tinha um papel importante para impedir que a feira se transformasse em um furioso ringue de lutas. Havia outros negociadores de cavalos, é claro, mas Chance Casey estava entre os mais respeitados.

"Bom dia, senhor Casey", falei, aproximando-me dele.

Ele se virou devagar na minha direção. Era magro e recurvado, e vestia seu conhecido casaco de *tweed* marrom, botas com travas metálicas na sola e calças tão surradas que chegavam a brilhar. A cabeça continuava abaixada, mas ele agitou o palito de fósforo e deu uma tragada no cachimbo para acendê-lo antes de levantar os olhos devagar e olhar para mim.

Meu Deus. Eu tremi. Como sempre, ele estava curtindo uma ressaca das bravas. Seus olhos estavam tão vermelhos que parecia que tinham sido mergulhados em sangue. Não demoraram para voltar a mirar o chão. Era onde ele geralmente olhava.

"Ah, é você, é?", ele murmurou, com seu sotaque cigano acelerado. "Tá querendo trabalho, não é?" Seus olhos vermelhos não se afastavam da grama que cercava seus pés.

"Sim, senhor", respondi, ansioso. "Eu preciso muito de dinheiro. Posso dizer que o senhor me recomenda?"

"Pode." "Obrigado, senhor!" Saí correndo no meio da multidão. Com a recomendação de Chance, eu poderia conseguir alguns trabalhos segurando os cavalos para os proprietários. Acho que naquele lugar havia uns duzentos homens. Algumas crianças corriam como loucas — em geral, eram filhos dos fazendeiros e dos ciganos, mas também havia alguns moleques abandonados da região, como eu. Todo o ambiente ao meu redor parecia um mar de vozes masculinas — todos falando, murmurando, sussurrando e gritando sobre um mesmo assunto: cavalos. Afiei o olhar em busca de qualquer pessoa que parecesse precisar de ajuda.

Em geral, eu jamais apareceria no meio de tantas pessoas. Mas essa multidão era diferente. Ali havia agricultores, comerciantes e ciganos vindos de fora de Garryowen. Um menino esquálido como eu andando no meio daquela confusão? Ninguém nem notava. Tudo o que importava a essas pessoas era fazer o melhor negócio possível na compra ou venda dos cavalos, o que para mim era perfeito.

Pare de admirar e se apresse, falei para mim mesmo, enquanto caminhava diretamente na direção de um homem e seus três filhos gordinhos, que descarregavam do caminhão um belo cavalo de raça. "Precisa que eu segure o seu cavalo para o senhor?"

O homem olhou para mim. "Cai fora. E vê se não me enche!" Virou as costas de maneira rude, enquanto os três rechonchudos achavam graça.

Humm... Que lindo! Uma família de porcos.

Meu próximo alvo era um homem magro e de olhar pouco confiável, que segurava uma égua malhada diante de um reboque enferrujado.

"Precisa que eu cuide do cavalo para o senhor?"

Ele reagiu tão rápido que eu tive de dar um passo para trás. Antes que eu pudesse piscar, dois capangas apareceram ao lado dele. O homem que segurava o animal apertou os olhos e cuspiu perto de minhas botas. "Não conheço você. Se manda daqui."

Senti meu estômago roncar. Eu estava tão desesperado para conseguir algum dinheiro para comprar o café da manhã que nem me mexi. "O Chance Casey me mandou aqui", falei, cheio de esperança.

"Eu não faço negócios com o Chance. Cai fora!" Os três homens ficaram me olhando com desconfiança até eu me afastar dali.

Nossa! O que você achou que eu ia fazer? Roubar uma das patas do cavalo quando você não estivesse olhando?

Meu terceiro alvo parecia mais promissor. Era um homem que segurava um cavalo preso pela rédea. O animal era um cavalo malhado, grande e musculoso, com uma enorme crina volumosa que parecia recém-penteada e escovada. O homem parecia ainda mais ansioso do que eu, erguendo-se na ponta dos pés para olhar sobre a multidão.

Ótimo! Lá, lá, lá. Fiz a expressão mais respeitosa que consegui e corri até ele. "Chance Casey me mandou. Será que posso segurar o seu cavalo para o senhor?"

Afobado, o homem olhou para mim e depois observou a multidão. "Bom, se você conhece o Chance, acho que posso confiar em você." Ele ficou na ponta dos pés novamente. "Um cara lá está dizendo que está interessado em comprar o meu cavalo. Preciso agarrá-lo antes que ele gaste seu dinheiro em outro lugar."

Ótimo! Comemorei em silêncio. *Primeiro trabalho do dia.*

Ele fez menção de me entregar o cabo, mas hesitou, observando minha aparência selvagem com aqueles fios de feno presos no meu cabelo e minhas roupas velhas e esfarrapadas.

Sorri com tranquilidade e afirmei: "Chance diz que sou um excelente trabalhador". Era mentira apenas em parte.

Hesitante, ele me entregou a rédea. Antes que eu pudesse piscar, o homem começou a apontar o dedo para todos os lados, como um relógio maluco. "Escute bem: *este* é um animal muito valioso. Não deixe que ele coma *esta* grama daqui. Nem deixe que ele se aproxime *daquela* égua irritadiça que está ali. Já vi algumas vezes como ela dá coices, sobretudo naquele cavalo castrado lá. Segure a corda assim e não faça *nada* que possa assustá-lo. Basta ficar bem *aqui*, quietinho, neste exato local."

Um proprietário exigente. Que saco... "Sim, senhor. Não se preocupe, senhor. Juro por Deus que não vou, senhor."

Finalmente, ele se afastou, ainda com uma expressão preocupada em seu rosto. O cavalo olhou para mim e, em seguida, baixou a cabeça e voltou a mastigar a grama.

"Bom, agora chega. Eu gostaria de poder comer grama de graça o dia todo", murmurei. Em resposta, o cavalo sacudiu uma orelha preguiçosamente perto de mim.

A multidão à nossa volta só aumentava. Eram abundantes os ruídos das patadas e dos relinchos irritados, vindos de cavalos cansados de ficarem presos uns colados aos outros e mantidos em rédeas quando tudo o que queriam era passear à vontade e pastar em paz.

Ao mesmo tempo, alguns homens davam risadas e outros sussurravam. Por todos os lados para onde eu olhasse, havia movimento de olhos e estranhos fluxos de energia negativa. As feiras de cavalo sempre tinham um clima tenso, talvez por causa da quantidade de dinheiro envolvida.

Senti meu TDAH começar a ganhar vida, alimentado por toda aquela carga de desconfiança, tensão e agressão. Meus dedos começaram a tremer, assim como meus pés, e no meu estômago senti cólicas geradas pelo meu estado nervoso.

O cavalo olhou para mim, inquieto. *Tem alguma coisa aqui com que deveríamos nos preocupar?*, ele parecia perguntar.

Um homem atrás do meu cavalo começou a xingar. Outro me deu um empurrão quando passou por mim, aproveitando a facilidade que tinha para tirar do caminho uma criança magricela.

Para me tranquilizar, eu acariciava o pescoço daquele cavalo imenso. "Calma, amigão. Fique calmo." O jeito de Charlie Clarke falar com os cavalos sempre ajudava a me acalmar também. Aquele animal enorme transpirava energia tranquilizadora. Eu podia senti-la sob a palma da minha mão. Os cavalos eram como grandes esponjas, capazes de absorver toda a minha energia nervosa. Mais que isso, eles pareciam neutralizar toda a energia ruim vinda daquela aglomeração humana antes que ela pudesse me contaminar. *Valeu, cavalinho. Agradeço muito.*

O dono voltou acompanhado do potencial comprador, que começou a dar voltas ao redor do cavalo, analisando-o com cuidado.

Meu estômago roncou. *Vamos lá, vamos lá*, pensei. *Está tudo certo. Quatro pés, uma cabeça, uma cauda. Fechem o negócio logo para eu poder comer alguma coisa.*

"Ombros meio estreitos, né?", falou o interessado, finalmente.

"Talvez, mas ele é forte e disposto", respondeu o dono.

O comprador balançou a cabeça, na dúvida. "Parece um pouco cansado para o que eu estou querendo. Vai precisar puxar uma carroça de quatro rodas para transportar carvão. Para falar a verdade, estou procurando um animal com mais vigor do que este."

O vendedor estufou o peito. "Vigor? Ele vale por seis cavalos." Em seguida, ele se voltou para mim. "Monte no cavalo e mostre para esse senhor o que ele faz, meu jovem." Em seguida, ele me largou sobre o lombo nu do animal e sussurrou no meu ouvido: "Faça algo impressionante e eu lhe darei uns trocados a mais".

Minhas pernas balançavam dos dois lados daquele animal musculoso conforme a corda amarrada em torno de seu nariz foi solta e transformada em rédea, logo entregue nas minhas mãos. Eu estalei a minha língua. "Vamos lá! Eia! Eia!" Cravei os saltos do sapato na lateral do cavalo para fazê-lo andar. Ele se inclinou para a frente. O coitado estava lento como um velho caminhão enferrujado. *Hora de fazer o meu trabalho*. Eu fiz uma grande confusão fingindo que tinha de segurá-lo, enquanto o estimulava a trotar. "Desculpe, senhor! Ele é demais para mim. Está louco para sair galopando. Devo deixá-lo ir, senhor?"

O vendedor piscou para mim, com a voz emocionada. "Melhor não, meu rapaz. Você nunca vai conseguir segurá-lo se ele decidir fugir. Ele quer correr como o vento! Olhe só! Segura firme! *Segura firme!*"

Fiz a minha parte, agindo como um vaqueiro montado em um alazão cheio de energia. "Ah, ele tem muita determinação, senhor! Está morrendo de vontade de se soltar e fugir. Se ele escapar, vai ser duro!" Eu fiz de conta que estava me esforçando para conter o animal. O cavalo parou, imóvel, morto como um caminhão velho que ficou sem combustível. Dei uma última cutucada por trás das omoplatas e ele ajeitou um pouco mais o corpo. Então, eu o afastei antes que ele bocejasse e começasse a dormir em pé.

O comprador me olhou desconfiado, mas estava interessado. Ele se aproximou do vendedor e murmurou um preço em seu ouvido.

O vendedor franziu a testa, coçou a cabeça e bateu nas próprias botas com a vara de espinheiro-preto, frustrado. Era claro que ele não estava satisfeito com a oferta.

Meu estômago barulhento não podia mais se controlar. *Vamos logo! Compre este traste de uma vez antes que eu morra de fome!*

Os dois homens começaram uma negociação difícil. Em seguida, houve um silêncio seguido por mais coçar de cabeças e outras vergastadas nas botas. Eles chegaram a um impasse. "Não será o caso de chamar o Chance Casey? Pedir para ele ajudar a resolver o problema?"

"Concordo. Vamos chamá-lo."

O grito foi transmitido pela multidão. "Chance, estão chamando você aqui!" Cada grupo passava a mensagem adiante.

Chance apareceu, com os olhos vermelhos fixos na grama. "Sim?"

"Precisamos de um mediador", falou o vendedor.

Chance assentiu. Ele se aproximou do vendedor e ouviu impassível o que o homem murmurou rapidamente em seu ouvido, com os olhos sempre fixos no chão. Depois, Chance caminhou até o comprador. Novamente, manteve o olhar abaixado enquanto ouvia. Chegaram a um preço aproximado.

Precisei me esforçar para manter a boca fechada ou começaria a gritar: "Se vocês não andarem logo, meu estômago vai comer a si mesmo!".

Chegou a hora dos apertos de mão secretos. Eu realmente não sabia o que significavam aqueles gestos, mas diziam que era nesse momento que eles negociavam um preço definitivo. Um toque de um dedo na palma da mão significava um valor, dois toques indicavam um preço mais alto, e assim por diante.

A multidão se reuniu para assistir à árdua negociação. O rosto de Chance Casey permanecia totalmente imóvel. Não havia nenhum indício de nada.

O vendedor continuava agitando a vara de espinheiro-preto, em sinal de frustração. O comprador mantinha o olhar desconfiado em relação ao cavalo. Chance continuava andando de um para o outro, apertando as mãos para apresentar em segredo novas propostas de preços. Finalmente, chegaram a um acordo. Aleluia!

Era hora de fechar o negócio. O comprador e o vendedor apertaram as mãos.

Chance colocou uma mão acima das mãos cruzadas dos negociantes e outra embaixo. Movimentou as mãos lentamente, subindo e descendo, uma vez, duas vezes, três vezes. Chance se afastou quando cada um dos envolvidos cuspiu na palma da mão para, em seguida, bater na mão do outro, deslizando em ambas as direções. Uma vez. Duas vezes. O acordo estava fechado.

O cuspe era simbólico. *A verdade de minha língua celebra este acordo.*

Até o pagamento em dinheiro era feito fora das vistas das pessoas. O rolo de dinheiro era transferido em meio a um aperto de mãos, para evitar olhares enxeridos. Chance recebeu a sua parte em outro aperto de mão. Ele saudou com respeito os dois homens e as pessoas que estavam ali. Missão cumprida.

Em seguida, ouviu-se outro chamado. "Chance! Tem mais gente chamando aqui para ajudar num negócio. Chance! Venha aqui." Ele se afastou, com a cabeça baixa e os olhos vermelhos colados à grama, como de costume.

O vendedor me entregou duas moedas que, na mesma hora, eu peguei, beijei e guardei no bolso. "Obrigado, senhor!"

Ele entregou a corda do cavalo ao novo proprietário.

Eu fazia carinhos no pescoço robusto do cavalo enquanto murmurava em seu ouvido: "Espero que você vá para uma boa casa, rapaz". Sem demora, saí rumo à praça St. John's, em Garryowen, onde ficava um dos meus endereços preferidos no universo: a loja Ford's Fish and Chip. A melhor comida do mundo.

Corri a toda a velocidade em direção à porta e derrapei, voltando a caminhar, e soltei um gemido. *Droga!* Já tinha uma fila com nove clientes. A fila andava devagar, mas eu já estava quase chegando quando meus olhos se arregalaram de horror assim que vi quem era a mulher que estava na minha frente. A senhora McCarty! *Ah, não! Que maldição!*

"Boa tarde, senhora McCarty", falou o senhor Ford, recebendo-a gentilmente, com um sorriso. "O que a senhora deseja?"

"Olá", respondeu a senhora McCarty. "Acho melhor o senhor anotar porque minha lista é tão grande que o senhor não vai conseguir lembrar tudo de memória. Somos uma família grande, né? É a vontade de Deus, acredito." Tremi quando ela tirou um longo pedaço de papel de dentro da bolsa.

"Bom, vejamos. São dezesseis crianças para alimentar, além da tia Anne, que vem nos visitar. E tem o senhor McCarty e eu, claro. Então, são dezenove pedidos diferentes. Vou falar bem devagar, para o senhor não perder nada. Posso começar?"

Segurei o meu estômago para ver se ele suportaria esperar aquilo e fiz o que pude para não ouvir aquela lista interminável. Só Deus sabe como eu me controlei e não a empurrei para o lado. Finalmente, chegou a minha vez. O senhor Ford olhou para mim por cima do balcão. "O que posso fazer por você, pequeno Faul?"

Minha pobre língua quase enrolou. "Por favor, senhor, quero duas porções de *batatas fritas*. Duas porções de *peixe*. E duas *salsichas*, por favor." Entreguei meu dinheiro e fiquei olhando desesperado enquanto ele preparava e embalava a minha comida. O senhor Ford colocou o precioso embrulho de jornal em cima do balcão para mim.

Corri para fora e me sentei no degrau mais próximo para desembrulhar o papel e colocar uma grande, fumegante e dourada batatinha na minha boca. Pura perfeição!

Um cão se aproximou, com os olhos fixos na batata. Meus dedos congelaram no ar no mesmo instante que meu coração afundava na boca do meu estômago. "Ah, não", falei, sem conseguir acreditar.

O cachorro se posicionou bem na minha frente. Era um vira-latas imundo e magrelo, sem nenhuma raça possível de ser identificada. Todas as costelas estavam à mostra, e ele olhava para as minhas batatas com voracidade.

"De jeito nenhum!", gritei. "Você está brincando? Será possível que todos os cachorros morrendo de fome dão um jeito de me encontrar?"

Diante da minha irritação, ele se afastou. Mas voltou em seguida, indefeso, com os olhos fixos na minha comida.

Eu tinha de me livrar dele rápido, antes que começasse a me seguir por toda parte. Eu não preciso de mais um cachorro de rua no nosso grupo. Mal dava conta dos seis que eu já tinha. Eu fiquei de pé e comecei a recuar. O cão ficou olhando para mim, miserável. Eu esperei até atingir um pouco de distância e, então, arremessei rápido duas salsichas. Enquanto o cachorro corria para pegá-las, agarrei contra o peito o meu embrulho com o peixe e as batatas fritas e fugi, correndo, de volta para a feira de cavalos. Eu me acomodei em uma pedra para terminar de comer em paz, com os olhos girando para todos os lados enquanto tentava engolir a comida em tempo recorde. De repente, tive a aterradora visão de perambular pelos arredores de Garryowen pelo resto da minha vida, com centenas de cães famintos me seguindo onde quer que eu fosse. *Como eu poderia negar comida a outros animais abandonados?*

Cheguei ao último pedaço de peixe. Estava muito bem feito, mas de repente eu não conseguia comer mais. Também não conseguia tirar da minha mente a imagem daquele pobre cão faminto. *Maldito sem coração!*, falei para mim mesmo, contrariado. *Esse cachorro é igualzinho a você. Indesejado. Sem lar. À procura de um pouco de comida e de carinho. Quem é você para fugir, alegando que não sabe lidar com isso? O melhor a fazer é ir procurar o coitado e ver se ele está bem. Acho que tem lugar para mais um no bando.* Refiz meus passos, mas o cão tinha sumido. *Um dia, Martin*, falei para mim mesmo, *você vai querer sair de Garryowen, e aí o que vai ser do seu bando de cães? Quem vai cuidar deles?*

***

As coisas estavam esquentando na feira. Os cavalos eram vendidos rapidamente. Chance Casey e os outros negociadores estavam mandando bem, fechando um negócio após o outro. Os garanhões realmente grandes e impressionantes agora eram o centro das atenções, exibidos para cima e para baixo sobre o gramado para que todos pudessem ver.

Um cavalo saiu em disparada como um louco rumo à extremidade do campo. Alguns homens riram e zombaram, erguendo as garrafas de cerveja quando o animal passou. O proprietário correu atrás, em pânico. "Dou dez pratas por esse burro rápido de duas-patas que está correndo ali!", berrou um engraçadinho. Os outros deram risada e ergueram as garrafas novamente.

Chance estava fumando seu cachimbo, desfrutando de um merecido descanso. Dois jovens passaram por ele e jogaram as garrafas de cerveja e um pacote de batatas fritas no chão. Com calma, Chance se colocou na frente deles e ergueu os olhos para encontrar os dos jovens. "Ora, rapazes. Um pouco mais de respeito, sim? Aqui é um antigo cemitério. É a nossa cultura. Não podemos jogar lixo por toda parte."

Eu nunca tinha ouvido Chance falar tantas palavras.

Os dois homens olharam para ele. Um deles cuspiu, quase acertando a bota de Chance. "Cale a boca, velhote!" Em seguida, aproximou seu rosto do de Chance, de modo que ficaram cara a cara, com os narizes se encostando. "Ou este punho vai adorar calar você."

Os dois riram e deram uma cotovelada enquanto passavam por Chance.

Chance abaixou mais ainda olhar e fixou-o na grama. Eu não queria que ele soubesse que eu tinha visto aquela humilhação e por isso me misturei à multidão para ver o que ele pretendia fazer. Estava curioso para saber como um forasteiro, como eu, reagiria a esse tipo de intimidação. Tenho de admitir que fiquei surpreso ao ver que ele esperou até que os dois fossem embora para, calmamente, recolher o lixo e jogar no lugar certo. Depois, ele voltou a acender o cachimbo e saiu andando.

Você fez bem, Chance, eu pensei.

Ele não fez alarde. Não praguejou baixinho contra aqueles dois idiotas. Simplesmente, resolveu o problema da sua maneira calma e tranquila, mas não havia covardia no seu ato.

Era como assistir à velha Irlanda encontrando a nova Irlanda, e eu tinha certeza sobre qual das duas eu respeitava mais.

***

Depois que as transações com os cavalos tinham terminado por aquele dia, as pessoas começaram a ir para a Fair Green Tavern. Como eu não tinha mais nada a fazer, segui o grupo.

Era uma boa oportunidade para ganhar mais algum dinheiro. Eu me dirigi direto ao homem mais próximo da porta. "Olá, senhor. Quer que eu vigie o seu cavalo no *trailer*?"

Meio bêbado, o agricultor ergueu a caneca de Guinness para mim. "Bom rapaz. O meu amigo está naquele caminhão de cavalo azul ali."

Fui olhar o cavalo e voltei correndo para dar o meu relatório, ganhando uma moeda em troca. Logo eu tinha dinheiro suficiente para comprar uma Coca-Cola e um pacotinho de batatas fritas. Assim que eu comecei a rasgar a embalagem com os dentes, surgiu um bando de cachorros.

"Mas era claro que vocês iam me encontrar, seus miseráveis", falei. Enfiei as batatas fritas na boca e observei o estado daqueles cães. Todos pareciam em forma e bem alimentados. *Devem pertencer a esses donos de cavalos que estão aí no* pub. "Desculpe, pessoal. Se vocês não são animais de rua, então eu não vou dividir."

A todos os cachorros que apareciam para pedir um carinho ou uma batata frita eu reagia voltando a cabeça para o outro lado, fechando os olhos e cruzando meus braços.

A expressão na cara deles era muito engraçada, pois parecia que eles estavam pensando: *Nossa! Os humanos aprenderam a falar a nossa língua? Dá para acreditar nisso?*

Quando eu insistia em manter a pose, eles iam farejar uns aos outros. Alguns se sentavam e ficavam me observando, curiosos.

Dei risada. Rá, rá! Isso deixa vocês quietinhos, né?

Logo notei um jack russell terrier se comportando de maneira bem estranha. Ele andava ao lado de cães muito maiores do que ele. Quando chegou mais perto, seu pequeno queixo começou a esticar para cima até que seu focinho apontava diretamente para o céu. A pequena cauda felpuda também estava erguida ao máximo.

Isso é meio estranho, pensei, sobretudo quando o cão maior começou a recuar, abaixando o focinho.

Curioso, apelidei o cãozinho de "Shorty" e fiquei observando enquanto ele repetia a mesma coisa com todos os outros cachorros, até com um wolfhound irlandês enorme.

Até aquele momento, eu tinha uma ideia da linguagem dos cães. Qualquer postura de imobilidade vinda de um cachorro indicava uma mensagem importante. Vi que, quanto mais Shorty erguia o queixo, mais o wolfhound irlandês abaixava o dele.

A mensagem de Shorty para cada cão era clara: *eu sou o chefe por aqui, amigo, não você. Mostre que você concorda fazendo um gesto de subserviência.*

Para testar a minha teoria, joguei uma batata frita no chão. Cinco cães correram, mas Shorty foi na frente e parou. O resto parou também. Com um andar decidido, passou por todos até estar no centro do palco. Levantou o queixo rumo ao céu e manteve a pose por um longo momento.

Na mesma hora, todos os outros cães abaixaram os queixos, desviaram o olhar e recuaram. Satisfeito, Shorty se aproximou e pegou a batata frita com delicadeza, mastigando alegremente. Eu sorri. Muito bem. O pequeno Shorty sem dúvida era o chefe incontestável de todos aqueles cães, como ele havia anunciado.

Fascinado, observei para ver se os outros cães estavam dizendo a mesma coisa um para o outro ou se a mensagem vinha apenas de Shorty.

"Muito bem, amiguinhos, o que os queixos e as caudas de vocês estão falando?", perguntei em voz baixa. Não demorou muito tempo para perceber que ao meu redor acontecia um exemplo da política canina. Era como se todos os cachorros de Garryowen estivessem obcecados com a mesma pergunta simples: *Quem é o líder entre nós dois e quem é o seguidor?* Em questão de segundos, cada encontro acabava em uma decisão. Um cachorro erguia o queixo e a cauda, indicando claramente que era o chefe. O outro então abaixava o queixo e a cauda. *Tudo bem, você pode ser o chefe.* Se nenhum dos dois cedesse, podia haver uma briga — ou uma disputa decisiva.

A intensidade e concentração serenas desses encontros me faziam pensar em Chance Casey e nos agricultores negociando um cavalo. Assim como com Chance, a maior parte da negociação mais difícil ocorria por meio de sinais sutis, só que, em vez de mãos e dedos, os cães usavam o corpo inteiro para negociar.

Também notei a frequência como esses cães estranhos cheiravam uns os outros e lembrei-me do que Charlie Clarke tinha me dito tantas vezes: "Um cavalo consegue farejar se uma pessoa é gentil ou ardilosa, medrosa ou corajosa, um líder ou um seguidor. Está tudo no seu cheiro."

Eu não tinha acreditado nele, mas e se ele estivesse certo? Eu sabia que os cães obtinham informações vitais sobre os outros, como a saúde, o sexo e até o que tinham comido — coisas normais. Mas, e se aqueles cães também estivessem tentando farejar o grau de coragem do outro? *Os cães seriam capazes de farejar emoções?*

Meus olhos voltaram a observar Shorty. Ele estava cheirando um mestiço de buldogue. Foi uma cena tensa, como um duelo, uma vez que nenhum dos dois dava sinais de submissão. Em seguida, o vira-lata de buldogue fez uma coisa estranha: enviou sinais mistos — queixo baixo, cauda erguida.

Eu suspeitava que ele estava apenas fingindo submissão. Shorty achava a mesma coisa. Apertando os olhos como Clint Eastwood, ele cheirou bem debaixo da cauda do farsante. Claramente, alguma coisa não cheirava bem.

Rápido como uma serpente, Shorty atacou o buldogue, que gritou e saiu correndo, com o rabo entre as pernas. O falsário tinha sido pego em uma mentira básica e devidamente advertido.

Tive outra ideia. Talvez fosse por isso que cães às vezes enfiavam o rabo entre as pernas: para encobrir as partes inferiores e impedir que os rivais farejassem seus verdadeiros sentimentos.

Satisfeito consigo mesmo, Shorty andou com ar confiante diante dos outros cães, dando uma triunfante volta de vitória com o queixo para cima e a cauda levantada como uma bandeira em miniatura. Ele estava enviando uma mensagem clara para cada um dos cães: *alguém mais quer me desafiar?* Nenhum cão parecia disposto. Satisfeito, ele se sentou na minha frente. Impressionado, eu joguei outra batata para ele. "Não tem dúvida, Shorty. Você é o cara." Ele podia ser pequeno, mas estava pronto para enfrentar o mundo. Era tudo uma questão de atitude.

Lá de dentro do *pub*, surgiram de repente várias vozes raivosas. Um copo bateu com força sobre uma mesa. A multidão se ergueu para ver o que estava acontecendo.

"Você está *cego*, homem! Você comprou uma mula. É só dar uma olhada nas *orelhas*, seu burro. É claro que comprou uma mula, com certeza."

O dono do cavalo voltou a bater na mesa. "Cala a boca, Billy. O que você entende disso?"

"Admita, Pat. Você foi roubado. Você sempre é roubado quando compra um cavalo sem ouvir minha opinião antes."

"Ah, é? Então, vamos para fora, para ver quem é cego aqui!" Dois homens enormes saíram cambaleando de dentro do *pub*. Os cachorros e eu saímos e nos dispersamos. A multidão veio atrás satisfeita, trazendo suas bebidas e cigarros acesos. Alguns ofereciam palpites grátis.

"Mostre-lhe que seu punho esquerdo é capaz, Pat. Ouvi dizer que tem a força de um maldito pontapé nos dedos."

Enquanto isso, um amigo tentava segurar Pat. "Me segura, Seamus! Me segura antes que eu estoure os miolos dele!"

Enfiei mais batatas fritas na minha boca e cheguei mais perto. Realmente, aqueles caras não eram diferentes dos cães que eu tinha acabado de observar: precisavam saber quem mandava no pedaço.

Sem a influência pacificadora de Chance Casey e dos outros intermediadores, não demorava muito para começar uma briga — em especial depois de tomarem alguns tragos. Os espectadores aplaudiram quando voou o primeiro soco.

"Vai lá, Pat! Não seja tímido!", berrou alguém, erguendo o copo.

Senti meu estômago revirar. O humor daquela gente começava a ficar sério. "É melhor eu cair fora", pensei, sentindo-me claustrofóbico com a energia negativa ao meu redor.

Pensei no pequeno Shorty e em como ele usava sinais sutis para manter a paz entre os cães do grupo que comandava. Veio uma dúvida: aqueles sinais que tanto Shorty quanto Chance sabiam usar faziam parte de uma linguagem educada. *Será que os cachorros eram mais civilizados do que eu pensava?*

Capítulo 9

O encanto de Tige

Eu entendia muito bem a importância das palavras civilizadas. Na primeira vez que meus irmãos me chamaram de burro, tudo mudou entre nós três.

Papai estava sem dinheiro, mas queria uma bebida desesperadamente. Ele nos chamou e apontou o polegar em direção ao quintal. "Levem as garrafas vazias lá do galpão até a Pike Inn e peçam para o Ryan trocar por Guinness. Deve dar umas três garrafas cheias."

Era uma oportunidade de impressionar nosso pai pela primeira vez na vida. Corremos em disparada para o galpão.

"Não vão fazer merda, heim?", gritou meu pai para nós. "Vão e voltem rápido. Tive um dia duro e preciso de um trago."

Cambaleamos até Pike Inn levando nos braços um monte de garrafas vazias, e o senhor Ryan, hesitante, trocou por três garrafas de cerveja Guinness cheinhas. Nossa, ele parecia uma bicha amargurada. "Aqui está", falou. "Três garrafas cheias." Ele olhou para mim com desconfiança. "Nada de beber isso, heim?"

Meus irmãos trocaram olhares.

"Nós vamos levar as garrafas, Martin", falou John. "Você com certeza vai deixar cair."

Ah! Eu não gostei nada daquilo. "De jeito nenhum!", devolvi. "Vocês não vão levar todo o crédito." Antes que eles pudessem me deter, agarrei as garrafas e saí andando.

Eles tentaram arrancar as garrafas de mim, mas eu agarrei com força até que eles desistiram. Afastando os dois, saí correndo.

Andrew e John vinham atrás de mim, ansiosos. "Pelo amor de Deus, Martin, pelo menos vê se vai devagar."

"Credo! Relaxem! Parem de falar como dois velhos reclamões." Nessa altura, já estávamos praticamente correndo. Andrew e John se apressavam para me alcançar, sem tirar os olhos das garrafas que estavam nos meus braços.

"Papai vai ficar muito contente", eu falava, baixinho. "Nada vai dar errado. Aqui estou eu, Martin, o filho maravilhoso, prestes a ajudar o seu pai." Quanto maior a minha felicidade, mais meus pés aceleravam.

"Pelo amor de Deus", pediu Andrew, "espere a gente, Martin".

"Tá tudo bem", respondi, olhando para eles. "De verdade, eu estou me sentindo ótimo!"

Logo à minha frente, avistei um cachorro mestiço desconhecido. "Olá, amiguinho." Eu me virei para olhar melhor, equilibrando as garrafas que estavam nos meus braços. O cão era uma belezura, com um monte de manchas... Sem falar nas patinhas musculosas e...

"Não!", berraram John e Andrew ao mesmo tempo.

Meu calcanhar dobrou e me arremessou em pleno voo, junto com as três garrafas de Guinness. As cervejas se arrebentaram contra o calçamento. Eu também caí e bati a cabeça com força. Fiquei sem ar. *Aii!* Quando abri os olhos, o céu estava girando.

Os olhares de Andrew e de John estavam fixos em mim.

Eu não conseguia acreditar no que tinha feito. Bati a minha cabeça com força no chão para me castigar. "Por quê?", eu gritava, batendo com ainda mais força. "Por que eu sempre estrago as coisas?"

John estava gemendo de pânico. "Deus do céu! Deus do céu! Hoje nós vamos morrer."

"Eu não derrubei nada", falou Andrew, apavorado. "Por que é que ele vai me matar?" Ele olhou para a bagunça e me chutou forte na coxa. "Mas o que eu estou dizendo? É claro que ele vai me matar! Vai me matar por ter deixado você levar as preciosas malditas garrafas de Guinness! Por que você é tão burro, Martin?"

"As pessoas estão certas mesmo", gritou John. "Você é incrivelmente burro!"

"Parem de me chamar de burro!", gritei, pulando com força. Nós três nos encaramos, prontos para começar uma briga.

Entre todas as coisas que meus irmãos já tinham falado para mim, nunca haviam me chamado de burro até aquele dia. Era a única coisa sagrada que eles jamais diziam. Agora, aquela palavra dolorosa pairava no ar entre nós. Um ao lado do outro, os dois olhavam para mim, com os braços cruzados e o rosto imóvel.

Eu os encarei de volta, chocado. Era como se eles estivessem me expulsando da nossa gangue de três. De repente, me senti enjoado. No fundo, eles deviam achar que eu era mesmo um idiota como todos diziam. Desde que eu conseguia me lembrar, a crença dos meus irmãos na minha capacidade sempre me ajudou a encarar até as provocações mais cruéis.

Talvez eu *fosse mesmo* um idiota. Saí correndo e evitei voltar para casa, até que começou a chover. Meu pai estava me esperando com o seu cinto.

"Eu estava esperando muito aquelas garrafas de Guinness", ele rosnou.

"Desculpe", falei, entorpecido. A surra machucou, mas eu consegui sobreviver. O que mais doeu foi aquela palavra que John e Andrew tinham finalmente jogado na minha. *Burro*. Acho que foi nesse dia que comecei a me afastar deles, o dia em que eu decidi que poderia sobreviver sem eles.

Naquela noite, dormi novamente no depósito de carvão. Meu pai *realmente* queria muito aquelas três garrafas de Guinness. Quando eu me acomodei entre Major e Rex, veio um pensamento à minha cabeça: mais do que me acalmar, os cachorros nunca me faziam me sentir burro.

***

Um homem em Garryowen que nunca me fez me sentir burro era Tige Kelly. Para mim, ele era como Merlin, o mago das lendas do rei Arthur.

Ele era o ex-diretor da St. Patrick's School, amigo da minha mãe e nosso padrinho. Havia morrido já fazia alguns anos, mas eu não conseguia me esquecer dele. Enquanto estava vivo, os professores não gritavam comigo daquele jeito. Ele foi meu protetor e meu mentor.

Era um homem impressionante, alto e com postura ereta. Usava o cabelo penteado para trás, em sinuosas ondas prateadas. Seu olhar era dócil e penetrante. Quando eu estava mais velho e ouvi David Attenborough falando na televisão, pensei: *Nossa, a voz dele parece com a de Tige Kelly*.

Junto com um irmão e uma irmã, ele morava em uma grande casa de arquitetura eduardiana, decorada com linda mobília. As cadeiras eram forradas com seda delicada. Em cima da mesa sempre tinha uma bela bandeja com um bolo alto e chique. Havia, ainda, delicadas xícaras de porcelana, que minha mãe sabia usar direitinho, enquanto nós três recebíamos copos de plástico cheios de limonada.

Melhor ainda do que ter aqueles bolos maravilhosos, a casa de Tige Kelly era o lugar em que meu cérebro finalmente tinha a oportunidade de participar de uma boa conversa. Sempre que íamos lá, parecia que meu TDAH adormecia.

Eu ficava ouvindo quando ele e minha mãe conversavam sobre a Europa e política, história e arte.

"Como é que você sabe tanta coisa, mamãe?", perguntei um dia, impressionado. Eu nunca tinha ouvido ela falar daquele jeito em casa.

"Pelos livros", ela riu.

Ótimo. Então eu nunca vou aprender nada disso...

"Mesmo que você não saiba ler ainda, a escola pode ser um lugar para começar um caso de amor para a vida inteira com o aprendizado", falou Tige, dirigindo-se a mim com um sorriso.

"Meu Deus, então boa sorte com *isso*", respondi, sombrio.

Ele sorriu e me ofereceu uma generosa fatia do bolo. "Não importa o que acontece na escola, Martin, tente aprender algo novo todos os dias durante o resto de sua vida", disse ele. "Só um tolo pensa que sabe tudo."

Eu não sabia nada. "Vou tentar", prometi.

"Você já ouviu falar de um menino chamado Setanta?", Tige me perguntou em uma de nossas visitas.

"Não. Ele mora em Garryowen?"

"Não, mas ele viveu há muito tempo nas lendas da antiga Irlanda", respondeu. Fez uma pausa para eu me situar. "Setanta não era um garoto qualquer", continuou. "Estava destinado a ser o guerreiro mais famoso de toda a Irlanda. Ainda muito jovem, ele ganhou um nome de um grande guerreiro, Cuchulainn, que se pronuncia *cu-chu-la-im*." Ele sorriu. "Eis o estranho modo como ele ganhou seu famoso nome." Eu me sentia facilmente envolvido pelo encanto de Tige.

"Uma vez", começou, "há muito tempo, havia um garoto irlandês chamado Setanta. Assim que ele atingiu idade suficiente, ele foi viver com o rei Conchobor, soberano rei de Ulstere e um homem muito rico. Um dia, o rei decidiu visitar seu ferreiro especial, chamado Culann, e dividir um grande banquete festivo com ele. Convidou o garoto Setanta para ir com ele.

'Eu vou mais tarde', disse Setanta. 'Quero treinar um pouco mais de *hurling*.'

O rei chegou à casa do ferreiro, mas esqueceu que Setanta viria depois.

'Tem alguém vindo atrás de você?', perguntou o ferreiro.

'Não', respondeu o rei.

'Então, vou fechar os portões e soltar o meu grande cão de caça para nos proteger', disse o ferreiro. 'Mas é preciso ter cuidado! Meu cão selvagem é tão bravo que são necessárias três correntes para segurá-lo. Na verdade, ele é tão forte que para contê-lo precisamos de três homens fortes puxando as correntes.'

'Humm, que *impressionante*', comentou o rei.

'Como eu moro em um lugar tão isolado, preciso dele para proteger minha casa e meu gado dos inimigos', explicou o ferreiro. Ele fez um gesto para seus homens. 'Fechem os portões, mas tomem cuidado: se alguém tiver o azar de ficar de fora, certamente será despedaçado pelo meu cachorro.' Em seguida, os homens fecharam os portões e soltaram a imensa fera.

Não demorou muito para o menino chegar na casa do ferreiro. Ele vinha distraído, arremessando sua bola com o bastão de *hurling*, tentando ver por quanto tempo conseguia mantê-la no ar. Ao ver o garoto, o cão enorme correu direto na direção dele, para destoçá-lo. Mas Setanta era corajoso e pensava rápido. Não entrou em pânico. Em vez disso, largou a bola e o bastão de *hurling* para poder enfrentar o cão com as mãos. Ele agarrou a garganta da fera com uma mão e suas costas com a outra, erguendo o cachorro bem alto antes de jogá-lo contra uma pilha de toras. Jogou com tanta força que os olhos do animal saíram das órbitas. O cachorro morreu antes de atingir o chão.

Ao ouvir o ruído, os portões foram rapidamente abertos, e todos correram para fora para ver o que tinha acontecido.

Culann, o ferreiro, olhou com horror para seu cão morto caído no chão. 'O que você fez, garoto?', perguntou. 'Minha casa vai virar um deserto com a perda de um cão tão maravilhoso! Ele era leal e protegia minha vida, minha honra, minha casa e meu gado. Era um ajudante importante, e você o tirou de mim!'

Setanta pensou por alguns instantes. 'Não se preocupe. Eu sei como consertar isso. Vou encontrar um filhote de cachorro do mesmo bando para você. Enquanto ele estiver crescendo, eu vou ser o seu cão de guarda e fazer o trabalho dele. Vou proteger a sua casa e o seu gado para você. Quando ele crescer o bastante, eu vou embora, e seu novo cão poderá continuar protegendo você muito bem.'

Era uma ideia sábia.

O druida do rei voltou-se para Setanta e declarou, para que todos ouvissem: 'Saibam que este é um grande momento. A partir de agora, este menino será conhecido como *Cuchulainn*, que significa o *Cão de Culann*. Um dia, garoto, você será o guerreiro mais famoso de toda a Irlanda'."

Eu me sentei, fascinado. Finalmente, um garoto que me impressionava.

"O druida estava certo", disse Tige Kelly, "porque Cuchulainn até hoje é o herói mais famoso da Irlanda".

Olhei para Tige e senti uma onda de entusiasmo. "Nossa! Eu sou parecido com o Cuchulainn, não sou? Sou valente e bom no *hurling*. Aposto que eu também conseguiria me salvar do cão de guarda do ferreiro."

Ele sorriu. "Sim, se você tivesse vivido há milhares de anos, acho que teria se tornado um grande guerreiro da antiga Irlanda, como Cuchulainn."

Era como se uma porta se abrisse para mim. Finalmente, eu encontrava um lugar ao qual pertencer, onde eu não teria me sentido uma aberração inútil e indesejada. Pena que não era possível viajar de volta no tempo.

Tige acreditava apaixonadamente em preservar a cultura da antiga Irlanda. Era muito importante para ele que eu nunca me esquecesse da importância de transmitir as antigas lendas irlandesas para as novas gerações. "Cada episódio do nosso passado irlandês", dizia ele, "é um presente que você deve passar para os outros". Seus olhos hipnotizantes me atraíam. "No seu último dia na terra, você vai se orgulhar de ter ajudado a transferir sua cultura aos outros? Ou vai perceber tarde demais que teve um papel na perda das velhas e preciosas histórias da Irlanda para sempre?"

***

Depois de uma visita a Tige, eu fiquei tão encantado com as antigas lendas irlandesas que comecei a me imaginar como um grande guerreiro celta, de partida para um ataque para roubar gado. Lá ia eu, montado em meu cavalo e passando por caminhos de pedras em meio a valiosos rebanhos de gado. Eu galopava em meio aos campos mortuários dos grandes reis. Abria meu caminho entre as vastas florestas de carvalhos que se espalhavam de costa a costa. Via reis e guerreiros irlandeses lendários em seus carros de combate. Ouvia seus discursos de estímulo antes de comandar suas tropas ferozes em batalhas que ficariam famosas.

Eu me via correndo através de uma terra imensa e mítica, na qual a magia, a honra, a coragem e a ação valiam mais do que tudo.

De repente, eu tropecei e caí no chão — minha imaginação chegara a um ponto insuportável. Tudo o que eu conseguia ver era o vilarejo de Garryowen me cercando por todos os lados.

Aquela Garryowen sem graça nenhuma.

Em vez de uma Irlanda selvagem e orgulhosa, tudo o que eu via era um subúrbio. Vias arrumadas, cercadas por blocos de casas idênticas. Uma imensa quantidade de paredes de tijolo, calçadas e sarjetas dividindo tudo em pequenos territórios de concreto. Por todos os lados, havia pessoas comuns fazendo coisas comuns.

Meus ouvidos captavam fragmentos das conversas conforme eu passava, andando o mais rápido que podia.

"Jim, venha aqui e conserte a máquina de lavar roupa! Não consigo fazer essa desgraçada funcionar."

"Oi, Maureen, você pode fazer um favor? Dá uma olhada nos pequenos enquanto eu vou correndo até o mercado comprar umas coisinhas?"

Eu apertei o passo, tentando escapar daquilo. No final daquela rua ficava a maldita e odiosa St. Patrick's School, o lugar que não poupava esforços para esmagar qualquer centelha positiva que houvesse em mim. Para piorar, em frente à nossa casa, do outro lado da rua, ficava a estátua de São Patrício, com ar sério. "Você também poderia desaparecer", gritei, querendo dizer exatamente isso. Eu odiava aquele cara. O nome dele aparecia em todos os cantos de Garryowen, em tanta abundância que às vezes parecia que vivíamos presos no Império de São Patrício.

Eu frequentava a St. Patrick's School, jogava no time de *hurling* de São Patrício, morava perto da estrada do poço de São Patrício, um antigo local sagrado para os pagãos e que agora *pertencia a ele*. Perto, havia uma pedra antiga sobre o gramado na qual se lia "burro de São Patrício", por ser o lugar em que, diziam, o pobre animal teria morrido e se transformado em uma rocha. Não dava para escapar do cara.

Era engraçado viver cercado por seu império considerando que o próprio santo na verdade era um escravo fugido. Ele havia trazido o cristianismo para o meu país e usado sua crença para desmontar toda a orgulhosa cultura guerreira dos celtas. Até onde eu entendia, ele tinha feito a nossa orgulhosa nação irlandesa sentir culpa, vergonha e impotência como nunca antes na história.

Eu olhava para todo aquele subúrbio lúgubre e que ameaçava me sufocar. Minha frustração fervia tanto que eu tinha a impressão de que minha cabeça estava prestes a estourar como tinha acontecido com Cuchulainn, em seu lendário ímpeto de guerra. *Por que diabos eu estava preso vivendo em Garryowen naqueles dias? Eu deveria ter nascido dois mil anos antes!* Era uma loucura. Nos tempos antigos, ninguém teria desprezado a minha hiperatividade. Nem um pouco. Em vez disso, eles teriam me admirado. Ninguém ligaria para o fato de eu não conseguir ler nem escrever. Na verdade, eu achava, eu teria sido *adorado* pelos antigos celtas.

E por que não? Integrante de um trio de gêmeos, eu teria sido considerado uma criatura mágica. O número três era associado à magia pelos supersticiosos celtas, e, naquela época, trigêmeos eram raros. O pessoal da Associação Gaélica de Esportes tinha dito que nós éramos os primeiros trigêmeos registrados na história a jogar *hurling*.

Eu sabia que os celtas às vezes agiam com crueldade, mas ainda assim eu preferia a sua cultural ousada e apaixonada ao chato e insosso cristianismo irlandês que me cercava por todos os lados. Os celtas haviam consagrado o povo irlandês que se mantivera orgulhoso, honrado, corajoso, inteligente e dono de uma língua atrevida. Tudo o que eu admirava.

Meus pés começaram a correr novamente, levando-me rumo ao campo e para longe da cidade. Pelo menos ali eu poderia fingir que vivia nos tempos de antigamente.

"Martin, alguém rogou uma praga para você e o fez nascer no ano errado", eu dizia, ofegante. Era um castigo tão horrível que eu não desejaria nem para o meu pior inimigo.

Capítulo 10

O líder supremo de todos os cães

Depois daquele dia na feira de animais de Garryowen, eu me sentia profundamente perturbado.

Não conseguia parar de pensar em Shorty, aquele jack russell terrier. Ele havia deixado claro que era o líder de todos os cães naquele *pub*. Isso significava que havia um chefe supremo na nossa turma também?

Eu não queria nem imaginar uma disputa entre nós sete para descobrir quem mandava. Afinal, tinha fugido de casa para escapar desse tipo de inferno.

"É claro que entre nós não existe isso. Somos a Gangue dos Cachorros Sujos", repeti em voz alta, como se fosse um mantra. Éramos todos iguais e também os melhores dos amigos, não éramos?

Quando voltei da excursão para roubar o café da manhã, os cães estavam esperando por mim no celeiro de Padraig e saíram em explosão do meio do feno para me cumprimentar.

"Ei!", falei, dando um passo para trás.

Eles se jogaram em cima de mim, pulando para me lamber. Não era de se admirar que eu nunca me sentisse sozinho. Como eu poderia sentir solidão se eles sempre me cobriam de tanto carinho?

"O que esses cachorros preguiçosos estão fazendo, heim?" Eu me abaixei para fazer carinho e tirar talos de feno do pelo deles. "Dormiram bem?"

Eles continuaram pulando em cima de mim, ainda com mais intensidade do que antes.

"Parem, seus bobos! Assim vocês me machucam!"

Mossy saltou tão alto que conseguiu passar a língua em toda a minha boca. "Eca! Dá para parar com isso?" Contrariado, eu tentava limpar a saliva dos meus lábios. Red arranhou minha perna com suas unhas. Pa saltou contra mim com tanta força que eu quase caí. Missy estava latindo e perseguindo a própria cauda, em círculos. Fergus saltava como uma bola de pingue-pongue.

Sim, todos estavam agindo normalmente.

Exausto, desabei sobre o feno, deixando os cães virem para cima de mim. Foi quando eu vi algo que me fez congelar. *Só pode ser brincadeira!* Dei um empurrão para afastar Mossy e Fergus.

Era Missy. Ela estava tentando saltar para lamber o focinho de Red da mesma maneira maníaca que tinha pulado em cima de mim, só que ele não gostva daquilo. Ele ergueu a cabeça ao máximo que podia e rosnou, mostrando a gengiva.

Eu sabia o que significava erguer o queixo: era o mesmo sinal que Shorty havia usado com tanta intensidade. A mensagem queria dizer *Sou eu que mando aqui.*

Missy ignorou e continuou pulando para alcançar a cara nada amigável dele. Red rosnou em advertência, mais ameaçador do que antes. Como ela não parou, ele a atacou até que ela gritou e se deitou de forma a exibir a barriga.

Meu estômago se retorceu. Era bem o que eu temia. Os cães não tinham vindo me cumprimentar com carinho! Pular, lamber e me arranhar daquele jeito era a maneira deles de competir uns com os outros para ver quem conseguia me dominar mais. Malditos! Agora eu tinha entendido o que estava em jogo.

Quem domina mais o bobão do Martin ganha o controle do grupo.

Minha cabeça começou a dar voltas quando tudo se encaixou. Eu achava que os cachorros se jogavam sobre mim em sinal de afeto. Mas, em vez disso, eles me viam como o membro mais fraco da nossa gangue. Todos os dias, eles comprovavam a minha submissão ao invadir o meu corpo, meu espaço pessoal, de todas as maneiras que podiam.

Eu estava com tanta raiva que olhei em volta para achar alguma coisa para jogar neles, mas não havia nada a não ser inúteis montes de feno, que juntei e comecei a arremessar com a maior força que encontrei.

Eles se limitaram a ficar ali, sorrindo para mim, com todo aquele feno caindo inofensivamente sobre suas cabeças e costas. "Não consigo acreditar que vocês estavam me tratando como um idiota! O verdadeiro trouxa da turma!", gritei.

Pa tentou caçar uma pulga, obviamente entediado.

"Nenhum de vocês se comporta assim com os outros — só comigo! Isso porque me acham um *bobão*! Como *se atrevem* a me tratar com tão pouco respeito depois de tudo o que eu fiz para vocês?" Eu nunca tinha me sentido tão traído. Enxuguei minhas lágrimas com raiva. "Eu *confiei* em vocês!", eu gritava, esmurrando o feno. "Confiei mais do que em ninguém, mais até do que nos meus próprios irmãos. E esse tempo todo vocês estavam aí, zombando de mim, seus ingratos!"

Tentei me levantar, mas os cães correram para mim de novo, quase me derrubando. Todos eles se empurravam disputando lugar, tentando ficar sobre a minha barriga e bloqueando o meu caminho. Sem saída, comecei a dar tapas para evitar que lambessem meu rosto.

Aquelas patas me machucavam. E as línguas eram nojentas! Não havia dúvidas de que eles estavam me dominando. Era exatamente igual às ocasiões em que Andrew e John me seguravam para me fazer cócegas, deixando claro que eles eram mais fortes e que eu era apenas o nanico do trio.

"Sumam!", gritei, empurrando os cães para longe de mim. Agora eu estava tremendo de raiva. "Tanto esforço para ser parte de uma gangue de amigos de merda! Espero que pelo menos vocês sintam vergonha!"

Eles não pareciam nem um pouco arrependidos. A maioria começou a se coçar preguiçosamente ou a cheirar os outros. Nem se preocuparam em sair dali. Pa, arranhado embaixo do queixo, olhava para mim com olhar de tédio. *Ah, é, seu pirralho? Vai ter outro chilique? Quem se importa?*

Eu tinha de ficar longe deles. Quando comecei a me aproximar da escada, vi que Mossy estava me seguindo. Eu me virei e apontei o dedo na direção dele, furioso. "E quanto a você, heim? Eu sempre pensei que você fosse o meu *melhor* amigo! Em vez disso, você era o que mais me dominava. Que amigo da onça você é!"

Eu precisava ficar longe daqueles traidores. Corri direto para a chuva, sem ligar se Padraig me veria ou não. Tudo isso por causa da amizade com cachorros. Naquele momento, eu os odiava também.

***

É claro que, no final da tarde, voltei ao celeiro. Não tinha outro lugar para ir e estava encharcado, tremendo de frio. Nunca me senti mais sozinho em toda a minha vida, mas, mesmo assim, queria ver os cães novamente. Talvez minhas impressões sobre eles estivessem erradas.

Assim que subi a escada, os cachorros correram na minha direção, formando uma onda de pelos. "Sumam da minha frente!", berrei.

Eles pararam, surpresos.

"Já conheço todos os seus truquezinhos", falei.

Só que Mossy não parecia disposto a desistir fácil. Deu um salto e conseguiu lamber a minha boca. Quando ele tentou de novo, dei uma joelhada no seu peito, e ele caiu para trás sobre o feno. Todos os cães agora me observavam com cautela.

"Então, meus amigos", eu falei, sarcástico. "Daqui para a frente vai ser assim. Se tem que haver um chefe neste grupo, então o chefe *serei eu*."

Mossy correu outra vez na minha direção, e eu dei outra joelhada, erguendo meu queixo bem alto, como eu tinha visto Shorty fazer. Minha linguagem corporal deixava claro: *Agora o chefe sou eu.* Cruzei os braços para enfatizar a mensagem. *E falo sério!* Eu podia ter sido o mais franzino dos trigêmeos, o membro menos importante da minha família e o garoto burro da escola, mas não tinha a menor chance de eu permitir que seis cães vadios de rua viessem me dominar.

Um por um, os cães abaixaram os focinhos e acomodaram-se ao meu redor. Alguns começaram a me olhar com expressão submissa, como se pedissem desculpas.

Comecei a respirar com mais suavidade. "Não me culpem. Eu queria que todos nós fôssemos amigos. Foram vocês que criaram essa confusão toda com o nosso grupo." Era claro que eu não estava contente, mas a alternativa era ir embora dali e passar a viver totalmente sozinho. Ah! *Isso* eu sabia que não aconteceria. Sem os cães, eu morreria de tédio e solidão em menos de uma semana. "Eu não sou um perdedor", falei, "por isso, podem parar de me tratar como se eu fosse".

Passei uma hora confirmando se eles tinham entendido que eu era o novo líder da nossa turma. Como fiz isso? Eu chamei um por um e afastei com joelhadas todos os que tentavam pular em cima de mim. Eu fiquei na ponta dos pés até que eles pararam de saltar movidos com aquela excitação frenética e, finalmente, me trataram com respeito.

Eu me joguei sobre o feno, exausto, e avisei que não queria que eles se aproximassem nem pulassem em cima de mim. Eles continuaram a olhar para mim com expressão de dúvida, até que eu virei a cabeça para o outro lado e bocejei. *Vão embora e relaxem. Está tudo resolvido agora. Eu estou no comando.*

Os cachorros se cachoalharam em sinal de alívio e se afastaram, depois se sentaram e começaram a se lamber. Na hora, senti a tensão desaparecer. Essa pequena aula de boas maneiras foi bastante cansativa, mas valeu a pena. "Não quero mais vocês pulando em cima de mim como um enxame", avisei. "Portanto, estejam avisados."

Era difícil não levar o comportamento deles para o lado pessoal, mas às vezes eu achava que talvez estivesse sendo duro demais com eles. Então, lembrei-me de como eles sempre tentavam dominar *a todos* com aquela energia e carinho excessivos, e não apenas eu. Quantas horas eu tinha passado observando-os fazendo isso uns com os outros ou então com outros cachorros ou qualquer gato ou cavalo que encontravam?

Eles não conseguiam evitar esse comportamento, e agora eu entendia isso. Não se tratava de um comportamento negativo direcionado para mim. Eles apenas estavam agindo como cães.

Dei início a uma trégua antes da hora de dormir. "Cachorros, eu perdoo vocês, mas quero deixar uma coisa bem clara. Vocês nunca mais me dominarão como faziam antes, ouviram?" Para ser honesto, lá no fundo eu estava nervoso. Se eu assumisse o posto de líder, tudo iria mudar?

Será que isso significaria o fim da nossa turma? Nos meses seguintes, observei os cães com atenção e fiquei chocado ao notar que eles tentavam dominar uns aos outros quase o tempo todo.

Cocei a cabeça. "Meu Deus, mas como eu não tinha notado antes o que estava acontecendo? Vocês nunca param de competir entre si, não é, cachorros?" Descobri que a maior parte da dominação se dava por meio de um jogo lúdico e secreto. No começo eu não tinha ideia de como participar desse jogo nem sabia quais eram as regras, mas depois de um tempo entendi como funcionava e comecei a participar também.

Esse jogo secreto mudou para sempre a forma como eu me dirigia aos cachorros.

Aqueles meses foram um emocionante período de descobertas para mim. Chovia muito e, em geral, isso me deixaria louco de tédio. Desta vez, foi diferente. O celeiro se transformou em nossa sala de aula particular. E os cães eram os meus professores.

Aprendi que os cachorros acordavam todas as manhãs e começavam a testar uns os outros imediatamente, para ver quem seria o chefe do bando naquele dia. Eles também tentavam identificar qual era o lugar de cada um na hierarquia.

Para fazer isso, eles propunham pequenos desafios uns para os outros. Se Red, por exemplo, pisasse no pé de Missy, ele seria o vencedor. Pa podia pegar um velho osso que pertencia a Fergus e dar uma volta pelo celeiro, exibindo-o como um troféu. Fergus podia correr para o alto da pilha de feno e chegar antes de todos os outros cães, transformando-se no vencedor da corrida.

Assim como acontece com os humanos, os cães reagiam de forma diferente a cada desafio. Fergus sempre parecia alegre quando ganhava. Blackie demonstrava mau humor, ganhando *ou* perdendo. Missy parecia um pouco manhosa quando tentava vencer e não demorava para perder a paciência quando perdia com muita frequência. Pa ficava feliz quando ganhava e preferia tirar uma soneca quando perdia muitas vezes. Red se comportava com nobreza tanto na vitória como na derrota. Mossy foi uma grande surpresa para mim: ele era *muito competitivo* e se esforçava desesperadamente para vencer cada desafio travado comigo. Era óbvio que nós dois disputávamos a liderança do bando.

"Vou derrotar você", eu dizia, confiante. "Não existe a menor chance de um spaniel pirralho mandar em *mim*!" Ele sorria como resposta. Eu acho que ele gostava da minha nova personalidade e estava feliz por eu finalmente ter entrado no jogo. Sem dúvida, nós dois éramos os principais rivais nessa secreta disputa canina.

Depois de alguns dias, notei que alguns desafios eram mais importantes do que outros, então comecei a atribuir pontos para cada um dentro da minha cabeça. Assim como em qualquer disputa humana, os cachorros tentavam marcar mais pontos do que os outros.

A maioria do bando pisava nos pés de outro cachorro quando achava que podia ficar impune, e a esse pequeno e simples desafio eu atribuí um ponto a cada vitória. Apenas Mossy e Blackie levavam a sério essa disputa. Eles rosnavam para qualquer cão que se atrevesse a pisar nos pés *deles*. Red era hábil em ganhar esse desafio. Desajeitado, ele dava um jeito de, "sem querer", acabar pisando nos pés dos outros. Blackie sempre o mordia quando Red tentava usar esse truque.

Um desafio que valia muito mais era quando um cão pulava no outro e apoiava as patas sobre os ombros dele. Isso sempre gerava uma forte reação e, às vezes, até mesmo uma briga, então eu decidi que ele valia dez pontos. Mossy vivia fazendo isso e ganhava muitos pontos assim.

Outras maneiras de invadir o espaço pessoal dos outros também rendiam alguns pontos. Era possível fazer isso usando as patas, o corpo ou até mesmo a língua para invadir as defesas alheias. Não importava se era um cão pequeno e simpático como Missy ou grande e agressivo como Blackie; cada um tinha muitas maneiras de ganhar pontos na disputa com os demais.

Missy tinha um truque inteligente: ela fingia que estava girando o corpo para perseguir a própria cauda. Então, ela se chocava contra outro cachorro e, no meio da confusão, lambia as patas e o focinho dele. Era um jeito ótimo de conseguir quatro ou cinco pontos em poucos segundos, antes de sair em disparada.

Pa gostava de se encostar nos outros cães, especialmente quando fingia que estava caçando uma pulga na base de sua cauda. Cada vez que ele conseguia se encostar, ganhava alguns pontos.

É claro que todos os cães tentavam o tempo todo ganhar pontos em disputas contra mim. Eu era o alvo principal, e invadir o meu espaço pessoal definitivamente era a maneira favorita de marcar pontos. Missy era muito boa nisso. Ela tinha o hábito de testar o meu equilíbrio se envolvendo ao redor dos meus pés até que eu tropeçasse. Se ela conseguisse, ganhava um ponto. No entanto, se eu chegasse a cair no chão, então valia cerca de trinta pontos, conforme avaliei. Ela também gostava de lamber minhas mãos e meus braços, e cada lambida valia meio ponto, pelo menos. As lambidas de Mossy eram diferentes, pois ele costumava apostar no ataque surpresa. De repente, pulava bem alto e passava a língua dentro da minha boca. Para ele, os meus lábios eram uma espécie de gol e valiam uns vinte pontos. Ele tentava deixar o seu cheiro em mim de forma que fosse impossível ignorá-lo. Todos os cães adoravam pular em cima de mim, especialmente quando eu voltava para o celeiro. Logo percebi que eles estavam tentando marcar o meu corpo com o cheiro de cada um, que vinha debaixo das patas deles. Era como deixar uma invisível marca de vitória no concorrente. Quanto mais alto o cão conseguisse deixar o seu cheiro, mais pontos ele ganhava.

Cada cão tinha alguma especialidade que eles treinavam até se tornarem hábeis, e eu logo me surpreendi admirando a engenhosidade daqueles cachorros. Pa tinha um truque simples que lhe rendia muitos pontos em relação aos demais. Ele fingia estar tão sonolento que mal conseguia se levantar, caso alguém estivesse passando. Era engraçado como ele sempre escolhia lugares estratégicos para se deitar, como portas ou a parte superior da escada. Jogado deliberadamente no caminho, ele forçava os outros cães a saltar sem jeito sobre ele ou a fazer um desvio irritante. A manobra valia apenas um ou dois pontos de cada vez, mas esses pontos fáceis logo se somavam. Eu acho que Pa descobriu a maneira mais preguiçosa possível para ganhar pontos. Uma estratégia mais ativa de Pa consistia em afastar os outros do seu caminho. Quanto mais ele forçava o outro a desviar, mais pontos ele ganhava. Uma colisão suave contra a minha perna podia valer um ponto, mas me desequilibrar completamente representava pelo menos trinta pontos para ele.

O método do Fergus, por sua vez, era igualmente engenhoso. Se outro cachorro estivesse dormindo em um lugar que ele queria ocupar, ele fingia que havia um intruso a caminho e ia até a borda do monte de feno, latindo para o inimigo imaginário. Em seguida, começava a correr para a frente e para trás, latindo como se dissesse, *Tem alguém lá fora! Um intruso! Vamos assustá-lo juntos!* Todos os cães corriam para perto dele e deslizavam pelo monte de feno para ver o que estava acontecendo lá fora. Assim que eles saíam, Fergus retomava o ar despreocupado; em poucos segundos, estava enrolado, acomodado no local mais confortável no feno, adormecendo logo em seguida. Os outros cães logo voltavam a subir a pilha de feno, molhados pela chuva e irritados pelo tempo desperdiçado. Desgostosos, olhavam para Fergus cochilando e, em seguida, acomodavam-se para dar início ao longo e chato processo de se secar com lambidas. Era uma manobra inteligente que sempre funcionava e rendia a Fergus vinte ou trinta pontos de cada vez. Fergus também me ensinou que cutucar para pedir atenção era outra maneira de vencer. Eu pensei que tudo o que ele estava fazendo era tocar a minha mão em busca de carinho, mas aí eu percebi que cada cutucão valia meio ponto. Ele conseguia marcar muitos pontos só ao fingir que estava sendo afetuoso, sobretudo quando eu estava distraído ou sonolento.

Mossy tinha um truque favorito que, por meses, tinha me confundido. Ele acordava de manhã, sacudia-se para se livrar do feno e vinha na minha direção, até *quase* chegar bem perto de mim. Ele chegava a cerca de 1,5 metro de distância de onde eu estava e parava, como se seus pés estivessem subitamente cimentados no feno. Com paciência, ele ficava lá, abanando a cauda lentamente, com a cabeça um pouco mais baixa do que o normal e os grandes olhos de cão spaniel olhando para mim com uma ternura de rasgar o coração.

"Seu cachorro bobo", eu ria, enquanto me aproximava para dar o primeiro carinho do dia. "Por que você não chega aqui? Está com preguiça, não é?" Depois de um tempo, porém, eu suspeitei do que estava acontecendo: ele estava querendo me atrair, para que *eu* fosse até perto dele. Eu finalmente entendi do que se tratava aquele desafio: tratava-se de uma mera disputa de vontades. A cada passo que ele me fazia dar na direção dele, mais importante ele se sentia. *Danado!* "Maldito!", eu ria, olhando para os cães. "Todos vocês me enganaram com esse truque, não é?"

Em seguida, começavam as corridas para ver quem chegaria primeiro ao alto do monte de feno ou quem deslizava primeiro pela pilha abaixo. Não faltavam desafios! Alguns que mostravam quem era o mais rápido ou mais corajoso, ou mais inteligente, mais forte ou mais adaptado do que os demais. Basicamente, todos os cachorros eram programados para provar uma única coisa: quem era o mais qualificado para liderar o bando.

Às vezes, eu me sentia mais um cachorro do que uma pessoa. Sem dúvida, eu preferia a simplicidade do mundo canino, pois para os cães a vida era mais fácil. Se um ganhou mais pontos do que o outro, então era mais importante do que ele. Pela primeira vez, eu sabia exatamente o que era esperado de mim. Naquele mundo, eu era um campeão respeitado, e não um perdedor.

Depois de um mês, eu olhei para Mossy e disse, confiante: "Acho que eu praticamente sou o líder indiscutível desta turma".

Só que logo eu iria descobrir que ele ainda tinha alguns truques na manga.

***

Aprendi a questionar *tudo* o que eu sabia sobre cães. Até um gesto simples, como o *local* onde você tocou o cachorro, tinha um significado político importante no mundo canino. Tocar embaixo do queixo e no peito do cachorro equivalia a dizer: *Ei, deixe-me ser mais submisso do que você.* O queixo e a cauda erguiam-se mais alto, e a atitude dele ficava mais desafiadora. Ele estufava o peito com orgulho. *Isso mesmo, Martin, continue fazendo carinho aí mesmo. Eu ganho um ponto cada vez que você me toca, então vá em frente. Mais pontos para mim. Mais! Mais!*

Logo aprendi a passar a mão (em vez de afagar) no alto da cabeça dos cachorros, além do pescoço, dos ombros e das costas. Era o meu jeito de dizer *Relaxe, cachorro. Eu sou mais dominante do que você, então não há necessidade de me desafiar.*

Era muito engraçado, mas descobri que os cachorros mantinham resultados perfeitos nesse jogo de pontos ganhos, talvez porque toda a existência deles girava em torno dessas disputas. Até eu fiquei bom em manter placares individuais com cada cão. Quanto mais eu fazia isso, mais fácil ficava. Todo mundo sabia quem estava ganhando e quem estava perdendo, quem estava pouco disposto a disputar e quem estava em um dia especialmente vitorioso.

Não demorou muito para perceber que eu estava envolvido nesse jogo o tempo todo, até ficar tão obcecado quanto os cachorros. "Sem trapaças, Pa", eu ria. "Você só vai comer depois do Blackie. Ele vem ganhando muito mais pontos do que você ultimamente." Blackie, então, aceitava com gratidão a comida oferecida pelos meus dedos. Ele se mostrava bem mais educado agora que eu sabia como jogar o jogo. Ele não tentava tirar comida de mim e raramente rosnava. Agora eu entendia por que Blackie odiava cachorros correndo em volta dele. Era uma oportunidade tentadora demais de fazer um pequeno desvio e encostarem nele. Então, ele desenvolveu uma política de tolerância zero, e todos os cães passavam por ele *muito educadamente* ou ele os atacava. Segui o conselho e também não permiti mais que os cães passassem correndo por mim. Eles não podiam mais bater contra as minhas pernas e me fazer perder o equilíbrio.

Ao ver como os cachorros se comportavam tão bem agora, dediquei ainda mais esforço para entender como o secreto jogo canino funcionava. Valeu a pena vê-los tão felizes, e foi benéfico para mim também.

Eles me respeitavam dentro do celeiro e quando saíamos para fazer caminhadas. Quando eu chamava, eles vinham na hora e se calavam assim que eu os mandava parar de latir. As brigas diminuíram drasticamente e quase todas as disputas violentas desapareceram. Quando eu estava tentando descansar, eles me deixavam em paz.

Eles se tornaram tão bem comportados que o nosso celeiro se tornou um refúgio de paz. Na maioria das vezes, eu *adorava* participar desse jogo secreto porque ele tornava a minha vida muito mais fácil. Aprendi que o segredo para ter um cão bem comportado estava em ganhar pontos suficientes para ser o líder incontestável do grupo.

Se eu me confundisse nesse sistema simples de pontuação, o resultado era o caos total sobre todos nós. Começavam brigas horrendas. Eles fugiam sem controle e não obedeciam quando eu os chamava. Começavam a perseguir as vacas e galinhas dos fazendeiros. Latiam o tempo todo e não ficavam quietos. Quase me deixavam louco.

Uma noite, quando eu estava me sentindo particularmente solitário, resolvi fazer de conta que não havia nenhuma hierarquia entre nós. Éramos todos iguais! Mas a ideia fracassou espetacularmente quando começou a briga mais feroz acontecida até então.

Meu estômago tremeu quando eu tentei afastá-los o mais rápido que eu pude. Em seguida, me joguei no feno, uma pilha de nervos e com o coração disparado. Eu sabia que aquela confusão estúpida tinha sido por minha culpa, e que os cachorros agora estavam sangrando por causa da minha teimosia. Depois dessa experiência fracassada, comecei a jogar o jogo secreto com mais dedicação do que nunca, e as brigas pararam.

A ordem hierárquica dentro do nosso grupo nunca mudou. Eu era o líder. Mossy era o cachorro mais destacado. Em seguida, vinham Blackie, Red, Pa e Missy, enquanto o pobre Fergus ficava sempre por último. Eu sentia pena dele e tentava fazê-lo se sentir mais importante do que o mal-humorado Blackie e o preguiçoso Pa, mas estes dois começaram a atacá-lo e por isso eu parei. Eu finalmente reconheci que não cabia a mim mudar a ordem da hierarquia — foram as personalidades deles que levaram a essa decisão.

Pare de se meter, Martin, eu dizia a mim mesmo com firmeza. *Essa hierarquia rígida é a forma como os cães se mantêm civilizados. É a maneira deles de preservar a paz.* Eu estava aprendendo que o mundo canino tinha ainda *mais* regras do que o mundo dos humanos e que elas eram seguidas à risca. Nenhum cão poderia ser igual a outro, e a punição por quebrar esta importante regra era ser violentamente atacado.

Não era de admirar que os cães rosnassem para mim o tempo todo desde que eu os conheci. Eu estava quebrando todas as regras do mundo deles! "Nossa, me desculpem, amigos!", falei em meio à escuridão depois de apagar a vela. "Vocês foram muito pacientes comigo. Eu agradeço muito por isso."

Depois de alguns meses, alguma coisa tinha mudado profundamente entre nós sete. Eu sabia o que tinha acontecido: os cães finalmente tinham me aceitado como o líder do bando. Em vez de me sentir envaidecido, eu me sentia humilde: meus amigos tinham decidido que confiavam em mim para assumir o comando. Eles estavam dispostos a seguir sem hesitar qualquer decisão que eu tomasse. Eu podia não ter sido um sucesso entre os seres humanos, mas no mundo dos cachorros era um campeão inquestionável. Eu só esperava ser digno da confiança daquela turma.

Capítulo 11

Resista ou desista para sempre

Eu ainda me lembro do momento que finalmente encontrei coragem para enfrentar meu pai. Foi uma das coisas mais assustadoras que eu já fiz na minha vida, mas eu sabia que era hora de parar com aquele abuso. Decidi me posicionar sobre o meu corte de cabelo.

"Você está parecendo uma maldita menininha!", berrou meu pai para mim bem na frente dos meus irmãos. "E só vai sair de casa quando cortar esse cabelo ridículo." Ele tinha suas próprias ideias sobre o comprimento ideal da cabeleira de um jovem irlandês saudável, baseadas no visual adotado no Exército. Não mais do que um centímetro de comprimento. Andrew e John não tinham interesse em discutir com ele e por isso mantinham o corte sempre curto, sem fazer drama.

Mas é claro que eu me rebelei. "Meu cabelo vai ficar do jeito que está", falei, emburrado. *Deus, por que ele não podia me deixar em paz?* Por algum motivo, eu sempre havia associado o cabelo à liberdade, só Deus sabe o porquê. Talvez por causa dos Rolling Stones e de outras bandas de rock. Além disso, eu tinha vergonha das minhas orelhas grandes, que se destacavam como duas maçanetas.

"Vai pegar a tesoura e a minha navalha", meu pai instruiu Andrew. Ele chutou uma cadeira para a frente e fez um gesto impaciente para que eu me sentasse.

"Não, você não vai me deixar careca, parecendo um maluco", respondi ferozmente, mantendo-me em pé. "Se quiser fazer mais um daqueles cortes estúpidos, vai ter de me amarrar."

Meu pai não conseguia acreditar no que estava escutando. Ele estendeu o dedo na minha direção e começou a movê-lo no ar. "O que foi que você disse?"

"Você me ouviu bem, seu tirano. Eu não vou cortar. O cabelo é meu." Eu nunca tinha sido tão insolente com ele.

"Senta nessa cadeira *agora*, moleque, antes que eu te esfole vivo!"

Escapei pela porta da frente antes que ele pudesse me pegar. A tesoura voou e foi parar no batente da porta logo acima de mim, mas eu me abaixei. "Errou, seu velho idiota!", eu gritei sobre o meu ombro enquanto corria em disparada, dando risadas.

Quando queria, meu pai podia ser um homem muito paciente. Ele se escondeu atrás da porta da cozinha, e quando eu voltei, duas horas depois, ele agarrou meu braço, colocou um joelho nas minhas costas e começou a cortar o meu cabelo à força.

Era agora ou nunca. Eu tinha de reagir ou ceder para sempre, por isso peguei uma panela que estava em cima da mesa e bati com tudo na cabeça dele. Meu pai fez uma expressão de tamanha surpresa que poderia ter sido engraçado se eu não estivesse com tanta raiva ou com tanto medo. "Eu não sou um maldito cachorro que você pode maltratar quando quiser!", gritei. "Você acha que é um adulto durão, mas na verdade não passa de um perdedor velho e bêbado. E tem mais, você pensaria duas vezes antes de me agarrar e de cortar o meu cabelo se eu tivesse o mesmo tamanho que você." Eu nunca tinha enfrentando meu pai tão descaradamente antes, mas sabia que se eu não começasse a reagir ele não hesitaria em esmagar o meu espírito para sempre.

Ele ficou tão atordoado que sua boca abria e fechava como se fosse um peixinho dourado, sem emitir uma só palavra.

Depois disso, as coisas só pioraram. Meu pai realmente não podia suportar o fato de eu o enfrentar. Começou a beber ainda mais e a ficar cada vez mais violento. Apesar do perigo, eu não conseguia deixar de responder para ele, estivesse bêbado ou sóbrio. "E aí? Está pensando duas vezes antes de me bater, não é? Agora que eu não fico mais acovardado em um canto, ficou mais difícil me espancar, né?"

***

Além disso, havia, ainda, a interminável guerra que eu enfrentava com meus professores da escola, especialmente o senhor Keeley e o senhor Rollins, que adoravam me fazer de saco de pancada. Às vezes, parecia que todos os dias eu levava pancadas na escola. Meu corpo vivia coberto de hematomas.

O meu novo espírito rebelde me acompanhava para a aula todos os dias que ouvia o sarcasmo na voz do senhor Keeley.

"Faul! Pare de olhar para fora pela janela como um idiota completo. E vê se fica quieto na cadeira já!" A essa altura eu sabia como me vingar de Keeley, que era fazer com que os alunos rissem junto comigo, em vez de junto com ele.

"Eu me sento com prazer, assim que o senhor parar de encher o meu saco."

Meus colegas riam, divertidos. Eu já sabia o que ele faria em seguida.

"Pode ir já para a sala do diretor e esperar por ele!", berrou o professor.

Perfeito! Era isso mesmo o que eu queria. Era claro que eu ia levar outra surra daquelas, mas pelo menos escaparia da tortura de ter de ouvir a voz irritante de Keeley. E eu já estava com vontade de comer um lanche mesmo.

Saí da sala e segui em linha reta para o local onde ficavam as lancheiras, ao longo da parede do corredor. Depois de vasculhar uma a uma, escolhi qual lanche parecia mais interessante. "Huum. Bolo de chocolate, sanduíches de ovo, biscoitos, bolinhos, bolachas com creme de amendoim, tudo ótimo." Eu me servia como se estivesse em um café self-service. "Ah, muito obrigado, Pat. Sua mãe sempre prepara sanduíches de presunto e queijo maravilhosos. Muito chique." Eu agarrei os lanches e os devorei enquanto me dirigia para a sala do diretor.

Finalmente, cheguei diante da porta da sala, que estava aberta. Nosso antigo diretor Tige Kelly tinha morrido por causa de um ataque cardíaco (fato que me deixou muito triste), e quem ocupava o cargo agora era o senhor Crowe. Ele não me entendia nem me protegia como Tige costumava fazer. Olhei para dentro com cautela. A sala estava vazia. *La-la-la!*

Meus olhos percorreram todo o ambiente, enquanto eu, de braços cruzados, tentava adivinhar onde o senhor Crowe guardava o seu lanche, quando rapidamente avistei a pasta dele. Meus olhos quase saltaram do meu rosto. Ele tinha deixado a pasta aberta. Era um idiota?

Meus dez dedos gatunos começaram a mover os fechos. Abri a maleta e olhei para dentro. *Aaaaaaah!* Ali dentro tinha um verdadeiro tesouro!

Até a borda, havia uma pilha de caixas de papelão cheinhas de moedas. Aquelas eram as colaborações para a campanha promovida pelo papa para ajudar crianças famintas da África. Os professores tinham entregado as caixinhas e nos orientado a enchê-las com trocados. Fotos de criancinhas africanas olhavam para mim. Meus dedos trêmulos pegaram algumas daquelas belezas gloriosas. Estavam pesadas como barras de ouro e tilintavam cada vez que eu as movimentava.

Era hora de decidir. Eu podia colocar a caixa de volta na maleta, fechá-la e voltar ao corredor ou...?

Meus dedos não sentiam vergonha e, antes que eu pudesse piscar, estavam agarrando o que podiam. De repente, eu estava lutando para me livrar do meu casaco, que joguei sobre a mesa. Coloquei as caixas de papelão em cima dele, enrolei formando uma bola, e, apertando contra o meu peito, saí correndo dali.

"Acostumado a me tratar pior do que a um cão?", murmurei. "Bem, aqui está o troco — um garoto que realmente é um bicho que não liga para nada." Saí correndo para a fazenda que ficava ao lado, torcendo para que ninguém me visse.

O senhor Crowe ficou com fama de maluco porque teve de explicar ao padre como as caixas com os donativos tinham desaparecido quando estavam sob os cuidados dele. Mas onde diabos eu esconderia aquilo? Na minha casa não dava. Além disso, seria o primeiro lugar onde as pessoas iriam procurar. Meus olhos pousaram em uma parede de pedra bem na minha frente. *Quem pensaria em procurar o dinheiro aqui no meio de um campo?*

"Tente achar aqui, senhor Crowe 'espertinho'", falei, arrancando algumas pedras da parede e acomodando as caixas naquele esconderijo natural.

Com um sorriso, eu me inclinei para a frente e beijei o esconderijo. Meu saque estava seguro. E, o que era melhor ainda, eu finalmente tinha minha vingança daquela escola que eu odiava. "Muito bem, queridos mestres, podem se matar para achar. *Nunca* vou dizer onde escondi o dinheiro."

Respirei fundo e caminhei de volta para a sala do diretor, com a minha cabeça erguida e um brilho desafiante no meu olhar. Eu sabia o que estava por vir, mas não me importava.

Os professores estavam furiosos. Mas, sempre que eles berravam "Onde está o dinheiro do papa?", eu me limitava a olhar para eles sem expressão.

A surra que levei foi das piores. Eles me ameaçaram com o inferno e com a danação eterna, e até mesmo uma conversa com o papa em pessoa. Chamaram a polícia, mas não havia nada que eles pudessem fazer porque não havia prova de que eu tinha roubado o dinheiro.

Essa era a minha verdadeira vingança contra os meus professores: mostrar que nem toda a violência física no mundo poderia me abater.

***

Meus irmãos tentaram me convencer a desistir. "É melhor você contar onde escondeu o dinheiro", falou John, "ou os professores vão fazer da sua vida um inferno". Estávamos deitados na nossa cama do nosso quarto, conversando.

Sacudi os ombros. "Não tenho medo dos professores."

Andrew sacudiu a cabeça. "O papai vai espancar você, mais cedo ou mais tarde", alertou.

"Também não tenho medo dele." Mas aí eu ouvi o barulho das botas dele subindo as escadas. "Depressa!", falei. "Vamos fugir pela janela."

"Nós não fizemos nada de errado", disse Andrew, mal-humorado. "Por que deveríamos ir a qualquer lugar?"

"Então, está bem. Fiquem aí", respondi. "E continuem a discussão embaixo das cintadas dele."

Em meio a vários xingamentos, os dois me acompanharam janela afora, desceram comigo pela tubulação da calha e demos a volta pela casa, ouvindo os berros do meu pai no andar de cima.

"Vamos levar o Major e Rex com a gente", sugeri.

"Certo. Vou voltar lá para os fundos, no depósito de carvão, e soltar as coleiras deles", propôs John.

"E eu vou pegar os cães no quintal", disse Andrew. Eu sentia alívio com a presença dos cães. Embora eu não tivesse mais medo do meu pai ou dos professores, tinha algumas pessoas em Garryowen que me assustavam de verdade. Eram homens duros e maus, como os da família O'Brien.

Naquela tarde, meus irmãos e eu encontramos os O'Brien pela primeira vez. Enquanto andávamos com Major e Rex pelos campos, chegamos a um pequeno bosque. "Mas que será isso?", perguntou Andrew, após escutar um barulho estranho.

Paramos para prestar atenção. Major e Rex começaram a se agitar e a puxar as coleiras, querendo que nós os soltássemos.

"Parece que são cães brigando", falou John. "Depressa! É melhor separá-los!"

Começamos a correr em direção ao barulho, com Major e Rex puxando tanto que quase arrastavam John e Andrew. Saímos do meio das árvores e chegamos a algo muito pior do que uma briga de cachorros. Eu precisei de tempo para entender o que estava acontecendo.

Caça a texugos.

Três homens — um mais velho, dois mais jovens — estavam em pé ao redor de um monte de terra recém-cavada. Era uma grande toca de texugo. Um dos jovens segurava uma longa barra de ferro, enquanto o outro agarrava o texugo pelo pescoço com uma pinça metálica gigante, criada especialmente para aquele objetivo horrível. O texugo, aquela grande e bela criatura com a peculiar listra branca que começava no focinho e percorria todo o seu corpo, dava gritos apavorantes.

O barulho fez meu sangue congelar. O texugo se debatia e girava, lutando desesperadamente com suas longas garras. Por mais que ele tentasse, não conseguia escapar daqueles ferros em volta de seu pescoço.

"Segura firme", disse o homem mais velho. "Assim." Ele ficou parado, com os pés afastados no chão, segurando uma dupla de cães bravos em suas coleiras. Aqueles cães bonitos e elegantes se revezavam na tarefa de apavorar o texugo completamente indefeso.

Olhamos aquilo com horror. Já tínhamos ouvido falar de caça a texugos, mas era a primeira vez que víamos aquilo acontecer. Era uma prática ilegal e reprimida pelas autoridades irlandesas, mas alguns agricultores continuavam porque acreditavam que os texugos transmitiam doenças ao gado. Também achavam que as tocas gigantes representavam perigo para as vacas, que podiam quebrar a perna, caso pisassem nelas. O que mais me chocou foi a forma plácida como os três homens observavam os dois cães atacando o texugo.

"Ah, meu Deus", murmurou John, horrorizado.

Um cão agarrava o texugo pela garganta enquanto o outro tentava achar uma maneira de rasgar o ventre da presa.

"Ei", Andrew gritou, em fúria.

Os três homens se viraram e olharam para nós, surpresos.

"Deixem o texugo em paz!", berrou John.

"Ou a gente vai denunciar vocês!", gritou Andrew.

Eu estava paralisado demais para me mover e não conseguia tirar o olhar daquela pobre criatura, fui incapaz de dizer qualquer coisa, como se minha boca estivesse amordaça. A brutalidade desnecessária e a total injustiça da luta me nauseavam tanto que achei que eu ia vomitar. Eu tremia.

"Parem com isso, seus miseráveis!", eu gritei.

Os três homens simplesmente inclinaram a cabeça para trás e deram risadas preguiçosas.

"Soltem o texugo", berrei. "Agora!"

"Caiam fora ou vamos soltar os cachorros em cima de vocês", retrucou o homem mais velho.

Uma névoa vermelha tomou conta de mim. "Eu posso não ser capaz de escapar das surras, mas esse maldito texugo é", falei, exaltado, para Andrew e John. O que Cuchulainn, o menino guerreiro, teria feito no meu lugar? Olhei ao redor para ver se achava uma arma, estendi a mão e peguei uma pedra bem grande. Saí correndo, rugindo, em direção aos homens e atirei a pedra na cabeça do O'Brien que estava mais perto.

"Merda!" O homem derrubou a barra de ferro e levou a mão ao nariz, que começou a jorrar sangue. Ele olhou para suas mãos, em estado de choque e viu a quantidade de sangue. "Seu miserável insolente! Vou matar você por causa disso!" E correu na minha direção.

Eu me abaixei, peguei outra pedra e atirei nele. A pedra atingiu em cheio sua testa.

"Ai!" Ele tropeçou, com os olhos arregalados por causa da pancada.

Eu podia ser franzino, mas conseguia arrancar sangue como qualquer homem adulto.

Enrolando as guias dos cachorros bem firmes nos seus antebraços, Andrew e John juntaram-se a mim e, lado a lado, mandamos chumbo pesado sobre os três homens.

O jovem que segurava aquelas pinças pesadas soltou os instrumentos para proteger a cabeça, o que permitiu que o texugo escapasse. Ele desapareceu rapidamente entre os arbustos. Nós comemoramos.

O velho mostrou os punhos para nós. Ele tinha de se esforçar para evitar que seus cachorros fugissem. Os coitados estavam confusos com o que estava acontecendo e só queriam sair dali. Major e Rex ficavam cada vez mais agitados em suas coleiras.

"Eu vou pegar vocês, seus pequenos desgraçados!", ameaçou o velho. "Eu sei quem são vocês! Vocês são aqueles esquisitos da família Faul."

Os dois mais jovens cuspiram no chão. "E quando o pai tiver acabado com vocês, vai ser a nossa vez!", gritou um deles. "O que vocês três anormais precisam é de uma lição de boas maneiras!"

"Ah, é? É melhor fazer isso logo, porque nós vamos denunciar o que vocês estavam fazendo com o texugo, seus idiotas covardes!", berrou Andrew, em resposta.

Eles fizeram zombarias, mas saímos dali de cabeça erguida. Nós três tínhamos salvado o texugo e Major e Rex haviam nos protegido. Aquela foi uma de nossas melhores batalhas.

"Bons cães", elogiaram John e Andrew, acariciando os ombros dos pastores-alemães em sinal de gratidão.

No entanto, enquanto caminhávamos de volta entre as árvores, eu tremi. Os O'Brien eram homens adultos e, para falar a verdade, eles me assustavam. Às vezes, eu desejava ser menos imprudente, mas o que mais poderíamos ter feito? Deixar o texugo ser esmigalhado e ficar ali observando, sem falar nada?

Mordi o lábio, nervoso. Nós agora tínhamos tantos inimigos que eles teriam de formar uma longa fila e esperar sua vez se quisessem se vingar de nós. Só que os O'Brien eram o tipo de inimigos que poderíamos dispensar.

"Não se preocupe. Enquanto nós três estivermos juntos e tivermos os cachorros, estaremos seguros", eu murmurei baixinho para mim mesmo. "Com o Major e o Rex ao nosso lado, somos invencíveis."

"O quê?", perguntou Andrew.

Eu hesitei, não querendo parecer covarde. "Nada."

Mas eu ainda me sentia desconfortável. Era possível fazer muitos inimigos por defender as próprias crenças?

Capítulo 12

Meu território

Depois que eu fugi, eu descobri que eu ainda estava fazendo inimigos. À medida que o tempo esfriava, eu me tornava muito mais zeloso em relação ao meu território. Outras crianças da região também roubavam comida das fazendas, e por isso os agricultores adotavam tolerância zero em relação a qualquer vagabundo que aparecesse. "O que você está fazendo por aqui?", eu gritava para qualquer criança que aparecesse pelos trilhos. Bastava me verem acompanhado dos meus seis cachorros para correrem como se quisessem salvar suas vidas. Um menino chegou a berrar: "Vá se danar, sua aberração! Não me devore!". Acho que eu parecia mais feroz do que o habitual.

A área próxima ao celeiro de Padraig era *meu* território, e só havia espaço para uma criança: *eu*. Meu território reunia cerca de vinte fazendas. Eu também considerava como dentro da minha área a rica região de Castle Troy. Eu tinha de dividir o povoado de Garryowen com outras crianças, mas secretamente também o considerava território meu.

Eu sabia que, se mais meninos aparecessem no meu território, os agricultores chamariam a polícia para vir nos buscar. E, com a vida desregrada que eu levava, o juiz me consideraria um caso incontrolável.

Eu seria arrastado para o reformatório masculino de Borstal. Com fama de ser o inferno na terra, era o único lugar a que eu realmente tinha medo de ir um dia. Quem era enviado para Borstal ficava trancado atrás de uma cerca alta e com navalhas no alto. Não havia nenhuma maneira de escapar das inevitáveis agressões. Pior ainda: todo mundo sabia o que acontecia em lugares como aquele.

Várias vezes, fui pego em flagrante pelos agricultores roubando comida. Alguns deles, como o velho maluco do Gallagher, eram tão loucos que eu preferia que eles chamassem a polícia a ter de lidar com eles pessoalmente. Um dia, feliz como uma criança brincalhona, entrei no galinheiro dele para conseguir o meu jantar. Eu achava que ele tinha ido passar o dia fora, mas ele tinha suas suspeitas e estacionou o carro na estrada para poder me surpreender.

O galinheiro estava cheio de pó. Penas suaves flutuavam pelo ar. Acomodadas em seus ninhos, as galinhas olhavam para mim com curiosidade e soltavam um cacarejo de protesto quando meus dedos deslizavam embaixo delas para tirar seus ovos quentinhos. Peguei cinco ovos de cinco galinhas e coloquei no bolso. *Excelente. Já dá um jantar variado.* Eu estava prestes a pegar mais um quando senti um objeto metálico e rígido cutucando a minha nuca. Congelei na hora.

O velho Gallagher tinha uma voz que lembrava pregos raspando a parede. "Pode devolver já." Eu ouvi o barulho do gatilho de sua espingarda de cano duplo sendo preparado. "Devolva agora ou vou abrir um buraco tão grande em você que uma vaca poderá atravessá-lo."

Devagar, coloquei o ovo que estava na minha mão de volta no ninho. "Os outros também."

Com cuidado, tirei os outros ovos do bolso e devolvi ao ninho da mesma galinha. Ela deu um cacarejo suave ao sentir o toque dos meus dedos. Eu me senti profundamente humilhado por ser tratado pior que um animal — pior ainda do que um frango.

Ele me cutucou na coluna vertebral. "Suma daqui. Se voltar a aparecer, vou encher você de tiros."

Eu não acreditava em todos os fazendeiros que faziam essa ameaça, mas do velho Gallagher eu não duvidava. Quando passei por ele, não consegui evitar que algumas lágrimas caíssem.

Nunca mais voltei à fazenda do doido e velho Gallagher. Ali não havia nenhum sinal de civilização.

***

Minha experiência com Gallagher me deixou pensativo naquela noite. Conforme eu me acomodei no feno quente no celeiro de Padraig, fiquei observando o teto metálico. Pela primeira vez, me dei conta da sorte que eu tinha por contar com o abrigo daquela fazenda adorável e tranquila.

Nessa época, Padraig sabia que eu morava ali. Como era um velho solteirão e generoso, ele me deixava em paz, desde que eu ficasse fora das vistas dele e mantivesse meus cães sob controle. Muitas vezes me peguei pensando: *Obrigado, Padraig. Nunca vou esquecer como você é legal.* Eu tomava todos os cuidados para não irritá-lo. Se fosse expulso dali, seria difícil encontrar outro lugar tão bom.

Poucos dias depois, eu estava voltando para o celeiro de Padraig pela linha do trem quando inesperadamente encontrei uma turma de crianças da região. Elas estavam se rastejando para sair de uma abertura na cerca da fazenda, chupando ovos crus e rindo.

Olhei para eles, furioso. A fazenda era *minha*! Aqueles ovos eram *meus*! Olhei para trás. Onde diabos meus cachorros tinham se metido?

Eu conhecia aqueles meninos. Eram da família dos McDonaghs: sete crianças complicadas que pertenciam a uma família difícil. O pai deles era um homem brutal e beberrão dos bons. Segundo os rumores, tanto o pai como a mãe todos os dias podiam ser encontrados no chão, inconscientes por causa da bebida, já por volta das dez da manhã. Como resultado, as crianças menores tinham formado uma gangue e demonstravam um comportamento bastante cruel.

Com cuidado, caminhei na direção deles e de repente me vi diante de Anky, Decky, Fonan, Boyd, Grub, Seamus e String.

Inferno. Aqueles moleques pareciam ainda mais selvagens do que eu. Vestiam roupas rasgadas, o cabelo deles assustava e seus olhos brilharam em cima de mim e por toda parte. Todos levavam varinhas de espinheiro--preto, além de navalhas afiadas. Chegaram mais perto uns dos outros até ficarem ombro a ombro.

O líder do grupo, Anky, ergueu o queixo na minha direção. "E aí? Vai encarar?", gritou ele. Tinha um jeito de falar próprio dos trabalhadores de Limerick. Era o jeito deles de chamar alguém.

Fiquei onde estava. "Isto tudo aqui é território *meu*", respondi, também aos gritos. "É melhor vocês irem embora."

Anky levantou o queixo novamente. "Foda-se. Cê é um dos Faullies. Aquele idiota esquisito. Vive com um monte de cachorros. Num tô vendo nenhum cachorro aqui."

Preferi não responder. "Escute, este pedaço aqui é meu. Desde os lagos de Grudie até o acampamento dos ciganos em Rhebogue e todas as fazendas que ficam no meio. E o povoado de Castle Troy também."

"Ah, é?", falou ele, com uma risada. "Só que você é um só e a gente é sete... E temos essas armas." Ele cuspiu no chão, perto dos pés. "Então, é melhor você me ouvir, seu bosta magricelo. O que nós McDonaghs queremos, nós pegamos." Os irmãos se entreolharam e sorriram. Em seguida, com um grito de gelar o sangue, os sete correram diretamente na minha direção.

Merda. Fico aqui ou saio correndo? Se eu quisesse defender o meu território, tinha de ficar e lutar. *Qual seria a minha estratégia de luta? Pegue uma vara de espinheiro de um deles. String parece ser o mais fraco.*

Gritei com a força máxima que eu tinha e corri na direção de String. Sua boca entreabriu, em choque, quando eu o derrubei no chão. Sentei em cima daquela barriga magra e agarrei a vara de espinheiro. A palma e os dedos das minhas mãos sentiram a dor na hora. Com os olhos arregalados pelo pânico, String agarrou a parte lisa da vara contra o peito, como se fosse sua vida.

O resto da gangue me atacou. Os espinhos das varinhas choviam sobre minha cabeça com força e rapidez. A dor causada pelas navalhadas rasgava minha pele sem proteção, por toda a volta da minha cabeça e no rosto, mas especialmente nas minhas mãos e nas costas. Os espinhos daquelas varinhas causavam uma dor horrível e atingiam minha pele fazendo rasgos sempre que me acertavam.

Uma coisa que eu tinha a meu favor era que estava bastante acostumado a apanhar dos meus professores e do meu pai. Também estava acostumado a levar pancadas durante as partidas de *hurling*, o que significava que eu não tinha medo da dor. Era apenas uma questão de ver o quanto eu poderia suportar antes de desistir. Triunfante, arranquei a varinha das mãos de String. Ótimo! Agora eu tinha uma arma! A luta estava prestes a ficar um pouco mais interessante.

Fiquei em pé e enfrentei o grupo. O sangue escorria pelo meu rosto e eu o limpei com o dorso do meu punho.

Todos nós tínhamos perdido o juízo, os sete McDonaghs e eu nos batendo e açoitando com aquelas varinhas de espinheiro, uns tentando matar os outros. Provavelmente, havia ali muita raiva reprimida precisando encontrar escape. Nós éramos apenas crianças que tentavam sobreviver, uma geração perdida por causa do alcoolismo dos nossos pais.

Havia muitos meninos para lutar e eu logo caí ajoelhado, com o peito arfante.

Anky levantou a cabeça. Ele estava curvado, ofegando bastante também. Ele limpou o sangue que escorria de seus olhos e apontou o queixo para mim. "Peguem ele agora que ele está no chão, rapazes. Rápido!"

Eu sabia que eles iam bater pesado dessa vez porque eu podia sentir um acesso de tontura. Eu estava cansado demais para me importar se perderia ou ganharia aquela briga.

De repente, ouvi uns latidos. Meus cães vieram correndo na nossa direção, todos os seis correndo firme, com a cabeça baixa, pelos em pé e dentes à mostra. Era claro que eles não gostaram de ver aquele monte de meninos armados com varas em torno de mim.

"Malditos vira-latas!", gritou Anky. Ele levantou a vara e recuou alguns passos, tentando atingir os cachorros com golpes rápidos.

Blackie detestou o moleque logo de cara. Abaixou sua enorme cabeça de leão, de olho nas pernas do menino, e tentou morder as panturrilhas dele. Anky gritou para seus irmãos pedindo ajuda e depois berrou para mim: "Chame esses malditos cachorros, Faul!".

"Blackie", murmurei. Eu estava exausto demais para fazer qualquer coisa.

Enquanto isso, Fergus avançou contra String. "Merda, só faltava isso! Vou dar o fora daqui", gritou o menino antes de sair correndo como um coelho magricela, com Fergus no encalço dele e louco para pegar seus tornozelos.

Os outros irmãos olhavam para Anky com ar furioso. Ele agitava sua varinha de espinheiro-preto enquanto aquele mostruoso terra-nova o perseguia. Os meninos viram os meus outros cães avançarem sobre eles.

"Pode ficar com esse celeiro miserável!", gritou Fonan, olhando por cima do ombro. "E com seus malditos ovos!" Ele pegou sua varinha e saiu correndo. Com exceção de Anky, todos os outros irmãos foram com ele.

Anky ainda estava sendo perseguido por Blackie. O menino se afastou, balançando sem controle diante daquele cão imenso que rondava ao redor dele. "Foda-se, Faulie! Eu juro que você vai me pagar por isso!" Escapando do cerco de Blackie, ele correu atrás dos irmãos rumo à linha do trem.

Os cachorros o perseguiram por um tempo, apenas por diversão. Em seguida, voltaram até mim, com as caudas ereguidas como se fossem as bandeiras de uma batalha ganha. Eu rolava no chão de dor, gemendo, enquanto eles lambiam e cheiravam o meu corpo todo, fascinados com tanto sangue. "Muito obrigado, meus amigos. Mas por que diabos vocês demoraram tanto?"

Mais tarde, depois que eu consegui comer um pouco, levei os cães até Grudie, um lago isolado nas proximidades do rio Shannon. Comemoramos nossa vitória com um banho. Até Blackie entrou na água. Depois de enfrentar a turma dos McDonaghs, nós realmente nos sentíamos como a Gangue dos Cachorros Sujos.

***

Depois da briga, comecei a andar sempre com uma vara de espinheiro-preto para me proteger dos McDonaghs e de quaisquer outras gangues que pudesse encontrar. A briga me fez lembrar da sorte que eu tinha por contar com aqueles cachorros do meu lado. Naquela noite, fiz muitos afagos nas orelhas deles quando fomos nos acomodar no feno no celeiro de Padraig. "Não seria fácil sobreviver se eu não tivesse vocês por perto para me proteger", eu disse a eles, agradecido.

Era verdade. Com os cães ao meu lado, eu podia andar sem preocupações pelo meu território. Tinha segurança para dormir à noite. E, o que era o melhor de tudo, meus cães tinham uma energia tão positiva que me mantinha feliz e confiante. Com eles por perto, eu me sentia invencível. Eles eram a minha família. Meus amigos. Minha turma. Eles eram tudo para mim.

Algumas pessoas tentaram nos separar, é verdade. Em algumas vezes, fui pego e levado à força para casa por vizinhos cheios de boas intenções e até pelo velho padre Ray. Minha mãe pedia que a ajudassem a me levar de volta para casa. Mas assim que eu era arrastado para dentro de casa e trancado no meu quarto, sentia um desespero claustrofóbico e necessidade de fugir.

Pela porta, minha mãe me implorava para ficar. "*Porr favorr, Mááártin*! Eu preciso saber que você está seguro!"

Eu realmente não queria ferir o coração dela, mas eu tinha mudado muito. Após a liberdade do celeiro e a tranquilidade de estar cercado pela minha gangue canina, eu não conseguia mais aceitar o comportamento errático do meu pai. E, quanto à possibilidade de voltar para a escola, sem chance! *Podiam esquecer*. Só morto eles conseguiriam me arrastar para aquele lugar sádico.

Eu voltava para o meu celeiro o mais rápido possível. Assim que ouvia a chave girar na fechadura da porta do quarto, saía pela janela, descia pela tubulação da calha e corria para a rua, fechando meus ouvidos aos sons comoventes do choro da minha mãe e aos apelos dela: "*Porr favorr, Mááártin. Eu te amo*! Volte pra casa! *Por favor*!". Eu sabia que, se eu ficasse em casa, eu não sobreviveria. Simples assim.

Eu só descansava quando chegava na linha do trem. Assim que meus pés tocavam as grandes vigas de madeira e os trilhos de metal da ferrovia, meu coração parava de saltar e eu começava a respirar com mais suavidade. Eu estava de volta com segurança ao *meu* território.

Os cachorros saíam do meio das amoreiras para me cumprimentar, felizes, dançando à minha volta com a língua de fora. *Você voltou! Você voltou! Conseguiu voltar para nós são e salvo!*

Os cães haviam me mostrado o gosto da verdadeira liberdade e como era se sentir realmente feliz. Eles me amavam do jeito que eu era. Eu não podia abrir mão daquilo, nem mesmo pela minha mãe. Por isso, achei melhor trancar todos os pensamentos em relação a ela no canto mais escuro, no fundo do meu coração.

***

Mas eu também não tinha me isolado totalmente das pessoas. Eu aprendi a importância da amizade humana quando os meus irmãos me apresentaram a Brandon Ryan, o garoto que tinha se tornado meu melhor amigo e que mudaria minha vida para sempre. Um dia, ele veio até a linha de trem junto com os meus irmãos, em uma das visitas que eles faziam para ver como eu estava. Andrew e John tinham um jeito especial de me encontrar. Eles recorriam ao que chamávamos de "grito dos índios", que tínhamos visto e ouvido nos filmes de Hollywood. Era preciso inclinar o queixo para trás, posicionar a palma da mão contra a boca e gritar com toda força: "Uoa, uuooaa, uuooaaaa!".

A gente não conseguia se livrar de uma dose de sotaque irlandês quando soltava o grito, mas ainda assim funcionava. Sempre que eu ouvia, gritava de volta. Os cães adoravam e latiam como loucos.

No começo, desconfiei um pouco de Brandon, mas não demorou muito para confiar nele, o que era muito incomum para mim. Ele frequentava a St. Johns School, no outro lado de Garryowen. Era por isso que eu nunca o tinha visto antes.

"Olá, Martin", disse ele. "Eu sou o Brandon. Quer um cigarro?" Ele ofereceu preciosos cigarros para nós quatro.

Fiquei impressionado com a generosidade dele e peguei um. "Obrigado." Ele sorriu. "De nada."

Senti meu TDAH, que em geral ia às alturas diante de uma criança nova, adormecer tranquilamente.

Nós quatro ficamos conversando por um tempo. Quando Brandon foi embora junto com Andrew e John algumas horas depois, eu fiquei olhando os três andarem pela ferrovia. Era estranho. Eu nem fiquei enciumado por ele passar tempo com os meus irmãos. Brandon era legal demais e não dava para odiá-lo.

Alguns dias depois, ouvi o nosso grito dos índios vindo da ferrovia: "Uoa, uuooaa, uuooaaaa!". Chamei os cachorros com um assobio e fui ao encontro deles, mas Brandon estava sozinho daquela vez. Meu primeiro instinto foi me esconder.

A verdade é que eu era extremamente tímido e não tinha ideia do que dizer para ele. Achei melhor me esconder nos arbustos e esperar que ele se cansasse e fosse embora.

"Martin! Pelo amor de Deus!", ele gritou, enquanto eu me escondia na encosta. "Não precisa fugir. Estou exausto. Vai, aparece e vamos fumar um cigarro", ele propôs, ofegante.

Sentei-me ao lado dele nos trilhos. Os cães vagavam ao redor de nós, empurrando uns aos outros para cheirar Brandon inteirinho. Nós fumamos em um silêncio sociável por um tempo, fazendo carinho nas orelhas dos cães.

Depois de um tempinho, ele perguntou: "Por que você está vivendo nessa dureza, Martin? Seus irmãos parecem contentes por morar em casa".

Olhei direto nos olhos dele. *Merda*. Por que ele tinha de estragar as coisas com perguntas difíceis? Eu não conseguia abrir a boca. Como eu poderia explicar tudo aquilo? A loucura provocada pelo meu TDAH? A insanidade que atingia nossa casa sempre que o meu pai bebia? O pesadelo que eu vivia na escola? A provocação implacável e a intimidação das crianças do nosso bairro? Eu não queria que ele achasse que eu era uma aberração. Nervoso, dei uma tragada no meu cigarro. "É que eu prefiro a minha independência, só isso", falei, com toda a tranquilidade que consegui. "Só isso. E eu gosto de viver com esses cachorros. Não poderia levá-los para casa."

Ele soltou uma nuvem de fumaça pelo nariz e concordou. Brandon era um garoto sensível e logo percebeu que tinha entrado em um assunto complicado. "Entendo. Aposto que é legal e tranquilo viver aqui. Tenho dezesseis irmãos e irmãs. Para falar a verdade, de vez em quando, eu adoraria escapar daquela loucura."

Eu ri. Meu estômago roncou e olhei para ele de soslaio.

"Que tal dar uma passada lá em casa?", propôs ele. "A gente vê se arruma alguma coisa para comer."

Eu concordei. Eu tinha de admitir que era muito estranho para mim caminhar por Garryowen em plena luz do dia.

Quando chegamos à porta da casa de Brandon, ele se virou para mim e disse: "Espere!". Ele prestou muita atenção aos ruídos e, em seguida, murmurou para mim: "Não vai demorar. Vou ter de tentar passar você pelo meu pai. Fique preparado para entrar assim que eu chamar".

"Hora de jantar", gritou uma voz lá dentro. "Primeira turma!" Uma enxurrada de crianças pequenas desabou pela escada, passando por nós, barulhentas e se empurrando para chegar à cozinha.

"Rápido, Martin! Esta é a nossa chance!", Brandon instruiu. Segui colado nos calcanhares dele.

Paramos na entrada da cozinha. Por volta da mesa devia haver umas dez crianças, todas falando alegres e em voz alta. Uma mulher, que deveria ser a senhora Ryan, estava servindo um ensopado. O cheiro era delicioso. Brandon me puxou pelo braço, levando-me com ele.

De repente, uma mão desceu sobre a minha cabeça e, antes que eu pudesse piscar, eu estava sendo posto na rua pela porta da frente. Era o pai de Brandon.

"Espera aí, rapaz. Você não é meu filho, garoto. Vai ter de cair fora. Desculpe, mas já temos muitas bocas para sustentar por aqui."

Brandon foi empurrado para dentro com suavidade. "Desculpe, Martin!", gritou. "Espere por mim no portão." Em seguida, ele se misturou rapidamente à multidão feliz em volta da mesa.

Esperei diante da parede de tijolos, sentido-me como um cachorro amarrado do lado de fora.

Ele apareceu depois de meia hora. "Me desculpe. Com tanta gente em casa, minha mãe serve o jantar em três etapas. Eu não sabia que o meu pai iria vigiar a porta esta noite. As crianças do bairro começaram a se infiltrar para conseguir uma refeição grátis, então papai começou a contar as cabeças." Ele puxou uma fatia generosa de pão. "Mas eu consegui pegar isto, passar manteiga *e* mergulhar no molho."

Meu estômago quase chorou de alegria. "Obrigado", eu disse, e Deus sabe o quanto eu estava agradecido mesmo. Era um presente especial do meu primeiro amigo de verdade. E alguém que não era nem meu irmão nem um cachorro.

***

Foi ideia de Brandon me arrumar um trabalho de entregador de carvão para os Donoghues. Eles eram uma família antipática e miserável, e apenas um irmão quis me avaliar quando Brandon me arrastou para a entrevista de emprego.

"Este é o Billy. É ele quem decide tudo", sussurrou Brandon.

Eu me senti como se estivesse na feira de cavalos de Garryowen — só que, daquela vez, o cavalo era eu. Quase relinchei no rosto dele, mas o olhar suplicante de Brandon me conteve.

"Não acho que parece muito confiável", disse Billy para Brandon, olhando-me de cima a baixo, contrariado, conforme dava voltas ao nosso redor.

Sim, e você também parece ser uma ótima pessoa, pensei. Colei um sorriso falso no rosto e disse: "Meu nome é Martin, senhor".

Brandon fazia gestos grandiosos na minha direção e apostava no seu discurso vendedor. "Não, não. O senhor teve uma impressão errada. Claro, ele é um cara ótimo. Muito educado. Bom para tratar os clientes. Maravilhoso com os cavalos. Conhece todas as ruas por aqui. Conhece bem as casas."

Conheço mesmo, más só porque reviro as lixeiras atrás de comida.

Brandon olhou para mim, implorando em silêncio para eu me comportar.

"Gostaria muito do serviço, senhor", eu falei, sem sinceridade.

"Tudo bem", resmungou Billy. "O emprego é seu." Ele começou a se afastar, resmungando: "Se quebrar a carroça ou um cavalo, eu esfolo você pessoalmente".

Abaixei a cabeça e imaginei um chapéu imaginário por trás dele. "Ah, muito obrigado. O senhor é muito gentil."

Brandon chutou meu pé e me arrastou para a rua para conhecer os cavalos. "Meu Deus, Martin. Não dá para você simplesmente jogar o jogo quando você precisa?"

"Eu estou tentando", protestei, mas lá no fundo eu sabia que sempre reagiria quando achasse que pessoas poderosas estavam querendo me intimidar. Eu não conseguia evitar. Eu lutaria até o fim das minhas forças. Ninguém jamais me intimidaria de novo.

Os cavalos dos Donoghues eram lindos, enormes e musculosos, mantidos em um terreno da prefeitura que ficava a algumas ruas dali. "Todas as manhãs que tivermos trabalho, temos de vir aqui e pegar o nosso cavalo", explicou Brandon. Ele caminhou até um imenso cavalo malhado. "Este é o Neddy. Tenho levado ele nas entregas, e ele já é um antigo companheiro, não é, garoto?"

O cavalo olhou para nós com expressão de tédio e logo continuou a pastar. *Tudo bem, crianças, deixem-me em paz. Quero comer minha grama.*

Deu tudo certo na minha primeira manhã de trabalho com Brandon. Bem, quase. Cheguei ao lugar combinado e encontrei Brandon aos pulos, sem o Neddy. "O que foi?", perguntei.

Ele estava furioso. "Aqueles malditos moleques dos McDonalds levaram o Neddy ontem à noite para o outro lado de Garryowen! Fizeram isso de propósito!"

"Mas por que eles fariam isso?"

Brandon cuspiu no chão, desgostoso. "Porque assim eles saem na frente de nós e podem roubar nossos clientes. Vamos rápido! Temos de correr se quisermos ganhar alguma coisa hoje."

Corremos pelas ruas vazias de Garryowen rumo ao campo do outro lado do vilarejo. Neddy estava lá, pastando sossegado. Brandon colocou uma cenoura na boca surpresa do animal, jogou uma corda em volta do pescoço dele e começou a puxá-lo pela estrada. "Neddy, por favor, vê se não faz bobagem hoje. Mal posso esperar para colocar minhas mãos naqueles ratos safados dos McDonalds."

Eu nunca tinha visto Brandon tão irritado.

Corremos até a propriedade dos Donoghues. "Estão atrasados", disse Billy, apontando para uma grande pilha de sacos de carvão e outros combustíveis acomodados no canto. "Vão logo. Podem começar a carregar."

Senti um pouco de pena do cavalo quando eu vi a quantidade. O coitado do Neddy teria que puxar *tudo* aquilo? Logo eu transferi minha pena para Brandon e eu. Enquanto Neddy ficava assistindo tranquilo, nós dois suamos para carregar vinte e cinco sacos de carvão, oito sacos de lenha e cinco fardos de briquetes de turfa. Finalmente, a carroça de madeira de quase dois metros estava carregada.

"Vamos lá!", gritou Brandon. Ele pulou na carroça e agitou as rédeas até que Neddy começasse a andar, sacudindo o rabo em sinal de irritação com aquela gritaria.

Eu me acomodei ao lado de Brandon e segurei firme. Quando Neddy começou a trotar eu achei que íamos sacudir até a morte conforme a velocidade aumentava. Meus dentes chacoalhavam dentro da minha boca. Quando entramos no calçamento liso, tudo melhorou.

Neddy puxava a carroça sem grandes esforços. Parecia que estávamos navegando. Brandon parecia um garoto possuído. "Fique de olho naqueles McDonalds", gritou ele.

Logo estávamos percorrendo os belos gramados do povoado de Castle Troy. Sempre que eu aparecia naquele bairro, ficava escondido atrás dos carros e dos arbustos, mas agora estava sentando em um lugar alto, apreciando a vista. Alguns moradores vestidos com roupões acenavam para nós quando saíam para pegar o pão e o leite diante da porta. Era claro que todos gostavam muito de Brandon.

"Olá, Brandon! Passe aqui depois do café, queremos comprar um saco de carvão."

"Claro, senhora Clare! Até logo."

Dobramos a esquina e chegamos à rua onde moravam os mais ricos de todos. Mercedes e Jaguares ocupavam as calçadas, e os motoristas acenavam para Brandon.

"Por que todo mundo gosta tanto de você?", perguntei, espantado. Eu nunca tinha visto tantas pessoas cumprimentando um menino antes.

"Porque eu sorrio e não faço cara de insolente, como você", respondeu ele. Brandon se curvou para prestar atenção quando viramos para entrar na rua mais rica de todas. Na mesma hora, começou a praguejar.

Na outra ponta da rua, outra carroça de carvão vinha em linha reta contra nós, trotando com força. Eram dois rapazes com aparência surrada, que logo começaram a nos insultar.

"Um dia ainda mato aqueles McDonalds", rosnou Brandon. "É o maldito Dermot e seu irmão mais novo." Ele deslizou mais perto da borda da carroça e se agachou, pronto para saltar. Ele me entregou as rédeas. "Martin, você está pronto? Você fica com o cavalo e a carroça enquanto eu corro para bater na porta. Essa mulher me conhece, mas eu tenho de chegar primeiro." Ele pulou enquanto eu reduzia a velocidade de Neddy, fazendo-o parar. Eu o vi correndo sobre o gramado perfeito, fazendo o mesmo caminho que Dermot McDonald.

Lado a lado, os dois seguiram pela trilha de pedras até a varanda e a porta da frente da casa. Brandon subitamente desviou, empurrou Dermot e continuou correndo. Quando tropeçou e rolou pelo gramado, Dermot começou a xingar.

Brandon chegou à grande porta da frente, tocou a campainha e se dobrou, ofegante. Acendi um cigarro para assistir ao show.

Brandon se recompôs assim que a porta abriu. "Bom dia, senhora Healey. Gostaria de comprar um pouco de carvão hoje?"

"Ah, que ótimo, Brandon! Vou buscar a minha bolsa." Ela desapareceu dentro da casa.

Dermot McDonald retomou o caminho segurando o cotovelo e mancando um pouco. Cuspiu no chão ao passar por mim. "Foda-se, Faullie."

Ergui meu cigarro a ele e respondi: "Bom dia, Dermot".

Da varanda, Brandon ergueu o polegar, em gesto de vitória. Era o nosso primeiro cliente do dia.

Brandon e eu formávamos uma ótima equipe. Entregar carvão era um trabalho duro, mas a gente dava muitas risadas juntos. Ele me ensinou como funcionava o serviço de entregas, e eu o mostrei como fazer amizade com os cachorros do bairro, especialmente os mais nervosos.

Os cães gostavam muito de pular em cima dele enquanto ele carregava pesados sacos de carvão para as casas. Ensinei a ele alguns sinais caninos úteis para evitar esse comportamento. "Ignore totalmente o cachorro e erga o queixo como se desfilasse em linha reta, mesmo que ele tente bloquear seu caminho", eu falei. "Tenha pensamentos calmos e tediosos, porque os cães farejam o medo tanto quanto os seres humanos sentem o cheiro da água sanitária. Comporte-se com determinação e não demonstre nenhuma hesitação."

"Tá bom."

"Quando você faz isso, está dizendo na língua deles: *Por favor, deixe-me em paz, estou muito ocupado com o meu trabalho*."

Às vezes, eu explicava as minhas teorias aos nossos clientes. Um dia, um labrador amarelo correu para nós, latindo de forma agressiva para as pernas de Neddy. O cavalo balançou a cabeça e olhou para mim como se dissesse: *Faça alguma coisa, garoto*.

Caminhei até a porta, ignorando aquele cachorro idiota e afetado e andando com os braços cruzados e o queixo voltado para cima. Estava totalmente relaxado, e tudo o que o cão podia farejar era o cheiro da minha calma e confiança. Continuei ignorando o cão enquanto ele latia para mim e toquei a campainha até que a dona da casa atendeu.

Eu sorri educadamente. "Desculpe-me, senhora, mas o seu cachorro está assustando o cavalo. Quase mordeu a perna dele."

A senhora começou a pedir desculpas. Na Irlanda, parece que todo mundo gosta de cavalos. "Ah, meu Deus, eu não sei o que fazer com o Sandy. Ele anda tão travesso ultimamente."

"Eu sei o que está acontecendo", respondi, amável. "O problema do Sandy é que ele marcou a rua como território dele." Ela me olhou com surpresa. Eu não era apenas o menino que entregava carvão para ela.

"Ele vai fazer isso sempre, sobretudo de manhã e à noite", continuei. "Se a senhora observar os lugares onde ele mija, vai ver que ele está construindo uma cerca invisível feita de cheiros. Ele está se esforçando para ampliar seu território e por isso acha que também é dono da rua."

"Ah, é verdade. Eu vi o Sandy urinar bastante do outro lado da rua."

"No mundo dos cachorros, quanto mais você mija — quer dizer, você *urina* — em um lugar, mais dono você é daquele lugar", eu expliquei. "Ele vai perseguir qualquer um que venha e invada a parte da rua que acha que é dele. Mas tenho medo que ele avance nas pernas do pobre Neddy."

"Ah, meu Deus, não. Mas o que eu posso fazer? A cerca da frente é baixa, e ele pula sempre que quer sair."

Eu também sabia como resolver aquilo. "Mantenha-o no quintal dos fundos. Ele vai largar seu trabalho de cão de guarda e não vai conseguir pular aquela cerca. É alta demais. Quando for levá-lo para uma caminhada, deixe-o sempre na coleira e não deixe que pare nos pontos que marcou com o cheiro dele."

Ela me agradeceu e arrastou o surpreso Sandy para dentro de casa, pela coleira. Corri de volta para a carroça de carvão.

Brandon sorriu. "Eu acho que você pode ser um professor talentoso, Martin."

Fiquei de boca aberta. Eu? Um professor? Ele só podia estar *louco*.

***

Brandon me ensinou outras coisas, como as maneiras de conquistar os clientes. Seu pai era dono de uma loja de móveis usados e tinha passado seu talento natural de vendedor para o filho. Brandon fazia tudo parecer fácil. "Basta ser realmente agradável", ele explicou. "Tenha boas maneiras e seja agradável. Isso mesmo, Martin. Receio que isso envolva *sorrir* para as pessoas."

Comecei a deixar de lado a minha insolência e o meu atrevimento e passei a tentar sorrir, o que parecia muito estranho no início. Combinei essa lição com algumas coisas que eu aprendi sobre o encanto do meu pai, quando ele estava sóbrio. Não domorou para até mesmo eu me sentir impressionado.

A cara amarrada que eu costumava exibir quando cumprimentava alguém foi substituída por um sorriso aberto e olhar acolhedor. No início, eu só pensava no dinheiro que isso ia render, mas depois de um tempo descobri que eu realmente gostava de fazer as pessoas felizes.

Era revigorante. "Ah, senhora Neal! A senhora está muito bonita hoje. Quer comprar um pouco mais de carvão para fazer um estoque? Eu posso levar para o depósito, se a senhora preferir. É só falar."

"Obrigada, querido. Você é um rapaz muito gentil."

"Está vendo?", ria Brandon, enquanto seguíamos na carroça com Neddy até a próxima casa. "Você não é tão desagradável quanto acha que é."

Percebi que ele estava certo. Eu estava começando a gostar do novo eu.

Meus cães também gostaram do novo eu.

Agora que eu estava feliz, eles não eram tão insistentes como antes. Minha felicidade acrescentou algumas centenas de pontos no meu placar diário. Eles se deslocavam pelo celeiro com muito mais tranquilidade. Se eu estava relaxado, eles também ficavam calmos.

"Bons cães", eu dizia o tempo todo. Para reforçar minha mensagem, eu fechava os olhos e respirava fundo. Tinha descoberto que, na língua dos cães, isso significava *dever cumprido*.

Essa mudança no comportamento deles me ajudou a entender por que no passado os cães tinham apresentado tantos desafios para mim: um ser humano infeliz não pode ser confiável para assumir o comando do grupo. Toda vez que os cães percebiam que eu estava emocionalmente vulnerável, sabiam que era hora de assumir e tomar a liderança. Não era nada pessoal, mas apenas os instintos de sobrevivência deles entrando em ação.

O dia que alguém roubou uma preciosa coberta nova que Brandon tinha me dado foi um desses momentos. Ou quando vi minha mãe passar de carro, a caminho do trabalho dela. Essas coisas podiam destruir a minha paz, e em poucos minutos eu me via em plena bagunça emocional.

Os cães me lançavam um olhar que dizia *Desculpe, garoto, mas não dá para confiar que você vai tomar as decisões certas por todos nós, não neste estado de espírito*. Então, eles começavam a testar uns aos outros e a mim, começando o jogo outra vez. Começava o empurra-empurra, os latidos e o comportamento excessivo. Eles tentavam invadir meu espaço pessoal novamente.

Se eu estivesse realmente irritado ou mal-humorado, eles tendiam a ficar quietos, mas a tensão crescente deles era impossível de ignorar. "Ah, parem de andar nas pontas dos pés em volta de mim!", eu gritava, irritado. "Vão deitar e me deixem em paz!"

Cada cachorro reagia de forma diferente ao meu estresse. Fergus e Red andavam ao redor, ofegantes, observando-me pelo canto dos olhos. Missy e Blackie se afastavam. Pa e Mossy se acomodavam nos cantos, de costas para mim, com o queixo no chão, tentando me evitar da forma mais neutra possível.

Um suspiro alto vindo de vários deles me mostrava a tensão que predominava entre eles. "Eu sinto muito, cães. Sinto mesmo. Realmente, lamento por isso. Foi um dia ruim hoje, e eu fui estúpido e descontei em vocês, pobrezinhos."

Era fácil saber quando eu estava realmente calmo de novo: bastava observar o comportamento dos cachorros. Os cães percebiam o momento em que podiam confiar o comando de novo a mim. Eles bocejavam ou sacudiam para afastar qualquer tensão, então, rolavam e iam dormir, a fim de neutralizar o estresse que predominava no celeiro.

Eu olhava para eles e me sentia culpado. *Pobres coitados. Os cachorros são como esponjas e absorvem a energia humana — tanto a boa como a ruim. Isso me fez perceber que devemos trazer três presentes importantes para casa para dar aos nossos cães todos os dias: felicidade, calma e otimismo.*

Alimentos para a alma, e não apenas para os seus estômagos.

Capítulo 13

Guerra suja

O pesadelo que tive certa noite, enquanto ainda estava em casa, pareceu assustadoramente real. No sonho, os dois irmãos O'Brien, rindo, perseguiam-me sem descanso. O pai deles gritava logo atrás de mim: "Já que se preocupa tanto com os malditos texugos, vamos tratar você como um, entendeu?".

Em pânico, eu corria ofegante por entre as árvores até que caía em uma toca de texugo. Os três homens apareciam, sorrindo para mim. A sujeira da terra nublava a borda de meus olhos. "Você não parece tão durão agora que não tem seus irmãos e seus cachorros para proteger você, hein?"

Eu os olhava completamente apavorado.

Os três sorriam. "Toma aqui um presentinho de Garryowen para você, rapaz. É o troco por aquelas pedras que você atirou na gente." Com um grito, mandavam seus dois cães me atacarem.

Gritando, eu tentava fugir, mas pesados instrumentos de caçar texugo se fechavam em torno de meu pescoço, mantendo-me preso. Eu estava aterrorizado. Um dos irmãos O'Brien erguia a espingarda preguiçosamente, apontava diretamente para meu rosto e atirava à queima-roupa. Acordei gritando, com o coração batendo em ritmo descompassado.

"Cala a boca, Martin", gemeu Andrew.

Acordei no chão, enrolado no cobertor, ofegante de medo, com frio e úmido de suor. Era de manhã, e eu tinha molhado a cama novamente. Este era meu segredo mais vergonhoso. Eu tinha verdadeiro pavor de que as crianças na escola descobrissem isso. John, Andrew e eu costumávamos dividir a cama até que eu comecei a me mijar. Daquele ponto em diante, concordamos que seria melhor eu dormir no chão. Foi muito melhor para todos, inclusive para mim, porque assim eu não me sentia tão culpado. Eu só tinha de colocar minha roupa de cama para tomar ar na manhã do dia seguinte e lavá-la quando pudesse.

Esfreguei o rosto, tentando desesperadamente apagar os últimos resquícios de medo dentro de mim. Na maioria das vezes, eu me esforçava em esquecer os inimigos que tinha feito em Garryowen, mas quando dormia eles vinham me procurar e, geralmente, eles me encontravam. O pesadelo com a família O'Brien era o que eu menos apreciava.

Eu me arrastei para longe do cobertor e do cheiro de urina, a fim de me preparar para a escola. Assim começou o dia horrível que minha vida se encarregaria de revelar.

Desci a escada para a cozinha. Mamãe estava no trabalho, e papai supervisionava o café da manhã.

"Você mijou na cama essa noite?", perguntou.

"Sim", eu disse, olhando para a minha tigela de cereais. A tensão no ambiente cresceu rapidamente. Meus irmãos e minhas irmãs ficaram em silêncio. Major e Rex se esgueiraram para fora.

"Como uma menininha?"

"Não. Não foi como uma menina. Só não consegui segurar." Olhei para ele com cautela e me curvei, sentindo-me humilhado.

"Não se preocupe. Sei como parar com isso." Naquela época, acreditava-se que molhar a cama tinha a ver simplesmente com falta de força de vontade. Havia muitas soluções para o problema sugeridas por nossos vizinhos, mas agora eu estava prestes a descobrir que meu pai tinha sua própria solução.

Ele me lançou algo sobre a mesa. O objeto bateu no meu peito e, em seguida, caiu a meus pés. Olhei para baixo. Era um colar de corda com uma placa de papelão. "Põe no pescoço."

Encarei aquilo fixamente.

"Já que você não sabe ler", disse ele, "vou ler para você: 'EU MIJO NA CAMA'".

"Não posso usar isso!", sussurrei.

"Ah, você pode, sim", ele devolveu.

Não tive escolha. Abaixei-me e pendurei a placa no pescoço. Um pequeno soluço escapou da minha boca. Meus irmãos e minhas irmãs não conseguiam olhar para mim e continuaram tomando o café da manhã em silêncio.

"Venha comigo", meu pai ordenou.

Meus olhos se arregalaram. "O que tenho que fazer?"

Papai sorriu. "Já que você molha a cama de propósito só para chamar a atenção, vamos lá." Apontou a porta. "É só sair andando. Se é atenção o que você quer, pode ter certeza de que você vai ganhar."

Aquilo parecia pior ainda do que o pior dos pesadelos. Que diabos ele tinha em mente? Eu o segui até o andar de cima da casa e vi quando ele pegou meu colchão molhado e o lançou em linha reta escada abaixo. Continuei a segui-lo conforme ele arrastava o colchão pelo corredor, passava pela porta da frente, seguia pela trilha do quintal e atravessava o portão da rua.

Eu estava paralisado de medo.

"Lá vêm eles", avisou meu pai, satisfeito. "O primeiro grupinho de crianças a caminho da escola."

Tentei fechar meus ouvidos e fixei os olhos no chão. Senti o rosto e as orelhas queimando. *Isto não está acontecendo. Isto não está acontecendo.* Eu queria morrer, mas aquele pesadelo era real, e eu não podia fugir. Olhei para o lado e vi meu colchão na trilha em frente à nossa casa. Cheirava a urina. *Por favor, eu prefiro morrer.*

As vozes das crianças soavam altas e claras. "Oh, meu Deus, aquele é um dos trigêmeos Faullie. O esquisitão! Que placa é aquela em volta do pescoço dele? Nossa, o pessoal da escola vai gostar de saber disso!"

Ouvi meu pai dizer contente: "Este é Martin, meu filho. Sim, é verdade, ele mija na cama. Igual a um bebezinho." Ele cruzou os braços. "Talvez agora ele aprenda a usar o banheiro durante a noite como qualquer outra pessoa da família."

Houve risadas, vaias e até cuspidas enojadas no chão. Eu não conseguia nem levantar meu queixo em desafio. Por que eu simplesmente não fugi?

Acho que percebi que não tinha escapatória. A escola inteira saberia do vexame em breve. Mesmo que eu corresse, só Deus sabia o que meu pai faria em seguida. Arrastar o colchão até os portões da escola? Levá-lo para dentro da minha sala de aula? Provavelmente.

Eu nunca o odiei tanto. Depois que todas as crianças foram embora, eu rasguei a placa que eu não conseguia nem ler e me arrastei para o quarto, a fim de me trocar para ir para a escola. Meu estado de espírito inspirava perigo.

***

Naturalmente, as crianças na escola transformaram aquele dia num inferno. Na hora do almoço, fiquei transtornado quando uma multidão de meninos se reuniu em volta de mim no pátio da escola.

"Alguém tem uma fralda? Depressa, precisamos colocar uma fralda no Faullie."

"*Eca*! Dá para sentir daqui o cheiro desse bebê mijão."

Todas as crianças gargalhavam e me encaravam com um olhar agudo, zombeteiro. Eu tentava ignorá-las, mas elas continuavam me perseguindo até eu perder a cabeça e me meter em brigas, aqui e ali. Andrew e John tentaram ajudar, mas eu os expulsava com raiva.

Logo após o almoço eu me sentia à beira de explodir. Sentei-me na minha carteira, com os braços cruzados e o queixo erguido.

O senhor Keeley sorriu para mim. Alguém devia ter-lhe contado tudo, mas, em vez de tocar no assunto, ele decidiu cutucar outro ponto sensível meu. Passou para a classe um exercício de redação. "Vocês têm dez minutos. O tempo começa... agora."

Claro, a folha de papel à minha frente permaneceu em branco, e meus braços, cruzados. Eu sequer me preocupei em pegar a caneta.

Ele sorriu para mim. "Tempo... encerrado." Keeley caminhou em minha direção. "Ah, vejo que fez um excelente trabalho, Faul. Magnífico. Absolutamente nada. Não escreveu nenhuma palavra. Com certeza, teria conseguido escrever seu nome, não? Deixe-me ajudá-lo." Ele olhou feliz para a classe, que, à exceção de Andrew, John e eu, obedientemente ria em silêncio. "Pronto? 'Faul' se soletra da seguinte maneira: B... U... R... R... O."

A classe caiu na gargalhada, exceto meus irmãos e eu. John e Andrew permaneceram em silêncio, furiosos, mas impotentes. Eu estourei, catei minha cadeira e bati com ela na cabeça de Keeley.

Ele ficou completamente zonzo e me empurrou para fora da sala, como um louco disposto a me matar.

Daquele dia em diante, nosso ódio recíproco deixou de caber em palavras.

***

Houve mais castigo à vista quando o diretor Crowe visitou a classe, outro dia. Ele contou algo em segredo para o senhor Keeley. Os dois riram e se aproximaram de minha carteira. Seus sorrisos eram desagradáveis.

"Martin Faul", Crowe cantarolou. "Temo que você tenha fracassado em seus estudos e não consiga se formar neste ano", anunciou, olhando para mim. "Temo que, se deseja se formar na St. Patrick's School, você terá de assistir às aulas novamente até que consiga ler e escrever num nível adequado."

Isso era novidade. Desde quando eles ligavam para minha educação? Sempre achei que ficariam felizes em me ver pelas costas. Meus irmãos só observavam, impotentes.

"Por favor, arrume suas coisas e venha. Você vai ter de repetir todas as lições até obter uma habilidade mínima de leitura e escrita", disse ele, com um sorriso. "Na verdade, temos uma boa mesa esperando por você na turma dos bebês."

Turma dos bebês? Era como chamávamos o jardim de infância. Eu nunca ouvira falar de alguém que tivesse de voltar para o jardim de infância. "Você não pode me obrigar", resmunguei.

"Então, conte onde você escondeu o dinheiro do papa", falou Crowe, aproximando-se mais, com as mãos sobre minha mesa. Seus olhos brilhavam diretamente nos meus.

Merda, eu já tinha gastado a grana toda. Não tinha sobrado nada. Mas sabia que não teria a menor importância se eu dissesse ou não onde estava o dinheiro. Aqueles dois homens estavam determinados a acabar comigo. Se isso acontecesse, eu sabia que estaria liquidado.

"Sabe o que eu *realmente* odeio? Valentões", disse em alto e bom som. "E eu juro: nenhum professor vai me destruir. *Nunca.*"

Os olhos de Crowe se estreitaram. Ele teve de se controlar e respirou longa e lentamente. "Muito bem, então. Venha, Faul. Você obviamente fez sua escolha."

Juntos, Crowe e Keeley me conduziram pelo corredor. Tentei agir como se não me importasse, mas aquela nova humilhação me machucava profundamente, como eles haviam previsto. Teimosamente, mantive meu queixo erguido, desafiante.

No meio do corredor, a realidade me chacoalhou. *Meus irmãos iriam se formar no final do ano, sem mim.* Eles mudariam de escola, e eu ficaria na turma dos bebês da St. Patrick's School.

Era minha versão particular de inferno: ficar preso num lugar que sempre odiei, com os professores felizes por me fazer repetir de ano. Por Deus, eu morreria de velhice antes que alguém naquela escola conseguisse me ensinar a ler e escrever.

Engoli em seco. *O que quer que aconteça*, pensei comigo mesmo, *não chore*.

Os dois bastardos me cercavam e tagarelavam por cima da minha cabeça, mas eu já não prestava atenção no que diziam. Tudo o que via com o canto dos olhos eram suas bocas abrindo e fechando. Keeley parecia estar se divertindo para valer quando abriu a porta de uma sala e me fez um gesto para entrar.

Vinte crianças aterrorizadas me encararam. Eram todas minúsculas, com seus grandes olhos redondos pregados em mim, como se eu fosse um gorila invadindo sua sala.

"Eis sua nova carteira, senhor Faul", anunciou Keeley, puxando uma pequena cadeira de madeira. Parecia um móvel de casa de bonecas. "Por favor, sente-se."

Não sei por quê, mas obedeci. Acho que estava em choque.

"Divirta-se", desejou ele, voltando-se para a porta. "Não se desespere. Você provavelmente vai entender tudo um pouco melhor nesta *segunda* vez. Ou talvez tenha de tentar uma *terceira* vez. Não se preocupe: eu vou estar aqui por muitos e muitos anos."

Cerrei os dentes com tanta força que doeu. Ele virou as costas para mim e começou a falar com Crowe.

O professor do jardim de infância estava sentado atrás de sua mesa. Ele se ergueu e caminhou até a frente da sala, batendo palmas com autoridade. "Certo. Agora que o showzinho acabou, quem pode me dizer qual é o som que essas duas letras formam juntas?" Apontou para a lousa. "C-H.", ele colocou a mão no ouvido. "*Chhh*. Muito bem. Todo mundo pode repetir isso? *Chhh*. Excelente. Agora, quem pode me dizer algumas palavras que começam com *Ch*?"

Fiquei olhando para meus dedos. Eu os apertava com tanta força, que eles brilhavam de tão brancos. Senti uma súbita onda de fúria me varrendo.

"Sim, é isso mesmo. *Chá*", disse o professor lentamente. "*Chaleira. Chapéu. Cheio. Chapa. Chinelo. Choque...*"

De repente, como se estivesse acabando de acordar, murmurei: "Por que diabos estou sentado aqui?".

As palavras caíram sobre a sala como pedras.

O professor parou e franziu a testa, incapaz de acreditar no que ouvia. "O que você disse, Faul?" Keeley e Crowe se viraram e olharam para mim, seus olhos se estreitando rapidamente.

Era isso. Eu tinha de decidir o que fazer em seguida. Eu ia me submeter a todo aquele abuso? Obviamente, aquilo nunca ia parar. Ou eu ia fugir?

"Foda-se! Estou dando o fora daqui!", gritei o mais alto que pude. Minha cadeira de criança pequena caiu no chão com um estrondo.

Todos ficaram boquiabertos. Os olhos de Keeley pareciam querer saltar para fora da órbita.

Eu pulei pela grande janela da sala de aula, que se encontrava aberta. Estávamos no térreo da escola, de modo que não havia risco de uma queda perigosa, mas eu não teria me importado de saltar se a altura fosse maior. *Finalmente, eu estava fugindo daquela porra de escola!* Comecei a correr assim que meus pés tocaram o chão. Atrás de mim, formou-se um pandemônio.

Crowe, Keeley e o professor do jardim de infância berravam, histéricos. Ainda mais alto era o alarido das crianças correndo ruidosamente para fora das salas de aula, só para assistir à fuga. Todas gritavam em aprovação.

Minha mente girava. Para onde deveria ir? Possivelmente, o destino mais seguro era minha casa. Major e Rex não deixariam que nada de ruim acontecesse comigo. Sabia que Keeley estaria espumando pela boca, com ganas de aplicar a maior surra de minha vida. O mais provável era que ele pegasse o carro e viesse atrás de mim. Eu não me importava. Eu estava finalmente livre!

Quando cheguei em casa, vi que a porta estava trancada. Eu não tinha a chave, então pulei o portão e fiquei no quintal. Major e Rex correram para me cumprimentar, sentindo minha angústia. Agradeci a preocupação deles com um afago em suas orelhas. "Olá, rapazes. Bons cachorros. Vocês são muito legais." Em seguida, caí em mim. *O que eu tinha acabado de fazer?*

Sentei na trilha de concreto do quintal, enterrei a cabeça em meus joelhos e fiquei balançando para trás e para frente. Os cães enfiavam seus focinhos para tentar lamber meu rosto. Eu estava chateado demais para empurrá-los para longe.

O que ia fazer? Não tinha a menor ideia. *Ai, meu Deus, o que mamãe vai dizer?* Eu não queria nem pensar na reação de meu pai. Só Deus sabia do que ele seria capaz.

Aqueles professores imbecis podiam mesmo me obrigar a repetir de ano até que eu aprendesse a ler e escrever? Uma coisa estava clara. Eu jamais aceitaria voltar para aquela escola. Teriam de me colocar em uma camisa de força e me levar na marra.

Um carro freou com um guincho. Olhei por cima do muro. Era Keeley e o senhor Rollins, seu melhor amigo entre os professores. Uma nova onda de adrenalina começou a percorrer meu corpo. Desta vez eu não ia levar porrada quieto. Não mais. Não seria assim tão fácil para eles. Eu sempre me vangloriava de que queria ser um antigo guerreiro celta. Então, era hora de ser homem, de me erguer e lutar.

"Vamos, cães", eu disse, enquanto caminhava para o galpão de carvão e abria a porta. Corri meus dedos trêmulos em busca da alça do meu taco de *hurling*. Não, aquilo não era apropriado. De repente, entendi o que podia usar como arma. *Aquilo* sim seria a arma perfeita para botar aqueles bastardos sádicos para correr.

Peguei as correntes dos enforcadores de Major e Rex e as prendi em seus nobres pescoços. Nós três, então, começamos a caminhar em direção ao portão lateral. Era hora de encontrar meus inimigos. "Tudo bem, Major? Rex?" Eles ganiram baixinho. Meu coração batia forte como um tambor no peito, e a coragem brotou dentro de mim. Com os dois magníficos cães guerreiros ao meu lado, eu certamente seria invencível.

Eu conseguia ver o pequeno Fiat de Keeley estacionado no meio-fio. Ele e Rollins estavam ali, também armados. Keeley, com seu cassetete. Rollins, com o cinto de couro enrolado nos dedos. Os dois professores estavam tão furiosos que não se importavam se alguém os visse ameaçando agredir um menino em público.

"Faul, venha para cá agora!", Keeley gritou do outro lado da cerca para mim. "Juro que meu castigo por essa insolência vai ser tão pesado que você não conseguirá se sentar por um bom tempo!"

Vendo o brilho de crueldade em seus olhos, senti meu queixo subir. Destravei o portão dos fundos e tomei a passagem lateral diretamente para o portão da frente. Os professores viram Major e Rex em suas coleiras, ao meu lado.

"Leve esses malditos cachorros de volta para o quintal, e entre no carro!", Keeley gritou.

Ambos os cães tensionavam seus enforcadores, soltando rosnados do fundo de suas gargantas. Continuei caminhando, com os olhos fixos em Keeley e Rollins.

"Pare já aí, Faul!", berrou Rollins, soando um pouco nervoso. Sempre assustava os professores quando eu os olhava diretamente nos olhos e ficava em silêncio. Agora, havia dois pastores-alemães cheios de ódio olhando para eles também.

Abaixei-me e prendi as correntes dos cães na cerquinha de arame que protegia o canteiro de flores de mamãe. Os corpos deles tremiam conforme rosnavam. Seus olhos estavam ferozmente colados nos dois homens.

Em seguida, fiz mentalmente um acordo comigo mesmo. Se os professores ousassem passar pelo portão da frente, eu soltaria os cachorros. Meus dedos esfregavam os clipes de metal de seus enforcadores, em prontidão. "Vocês não vão pisar na minha propriedade", eu avisei calmamente.

Rollins hesitou, mas Keeley seguiu me encarando e caminhou para a frente. Uma veia pulsava em sua têmpora conforme seus dedos manipulavam o trinco do portão. "Você vai se arrepender disso, Faul."

"Atravesse o portão, e eu solto os cães em cima de você."

Ele franziu os lábios para mim. "Você não ousaria."

"Última chance", adverti.

Ele riu. "Nem mesmo você seria tão estúpido, garoto." Ele abriu o portão e entrou.

É mesmo?, eu pensei. *Quem é o estúpido agora?*

Keeley ergueu seu cassetete e marchou diretamente para mim, com Rollins em seus calcanhares.

Eu mantive minha posição e abri meu sorriso mais terrível. Anos de abuso sob as mãos deles vieram à tona em minha mente. Foi um daqueles momentos em que eu sabia que minha vida mudaria para sempre se eu fosse em frente e fizesse o que me era proibido.

"Seus bastardos, vocês me machucaram bastante até agora", disse eu com calma. "Agora é a minha vez. Vamos ver se vocês gostam disso." Liberei os enforcadores de uma vez, e os cães dispararam em linha reta contra eles.

Os homens não tiveram chance. As expressões em seus rostos se tornaram engraçadas, quase caricaturais, enquanto derrapavam até parar e giravam em seus calcanhares. Um empurrava o outro, para não ser deixado para trás. De um salto, Major agarrou o ombro de Keeley. Ele gritou e tentou trancar o portão, mas errou o cálculo. Ele colidiu contra uma coluna com os dentes de Major ainda enterrados em seu corpo. Espremendo-se, arrastou-se para fora, levando o enorme cão junto com ele. Enquanto isso, Rex abocanhara Rollins pela perna, e o homem gritava como um porco no abate. Aumentando a pressão na mandíbula, Rex agitava sua grande e desgrenhada cabeça, como se balançasse um rato em sua boca, e afundava suas presas cada vez mais.

De alguma forma, os dois homens chegaram ao Fiat, escancararam as portas e atiraram-se para dentro, trancando-se lá dentro.

"Voltem!", gritei. "Major! Rex! Aqui!"

Relutantemente, os cães trotaram de volta para mim, um tanto ofegantes. Pus as mãos sobre a cabeça de cada um deles, e nós três ficamos ali, olhando para os professores presos dentro do carro. Seus rostos de olhos arregalados nos miravam através das janelas do carro.

Meu coração martelava no peito, mas me sentia bem. Pela primeira vez na minha carreira escolar, aqueles dois sádicos não tinham levado a melhor em cima de mim. Eu finalmente triunfava contra eles. Que vitória! Mas, então, olhei para a rua e vi minha mãe pedalando sua bicicleta de volta para casa. Congelei.

Assim que ela desmontou da bicicleta, os professores saíram do carro e começaram a gritar com ela.

Eu não tinha comido nada o dia todo e senti que tinha esgotado toda a minha energia. Caí no chão, imaginando se aqueles dois idiotas sádicos seriam capazes de me bater na frente da minha mãe. Se fossem, eu não seria capaz de me proteger naquele momento.

Mamãe me fez voltar para a escola no dia seguinte. Eu não queria ir, claro, mas meu pai não me deixou escolha. Naquela noite, levei uma surra de cinto pior do que jamais achei que era possível e acabei, mais uma vez, exilado no depósito de carvão. De tão dolorido e exausto, sentia-me completamente exilado de tudo e de todos.

O que os professores poderiam fazer comigo quando voltasse para a escola? Poderiam me castigar para valer, mas aquilo não apagaria da memória a lição que meus cachorros deram a eles. Eu tinha lutado e aquilo era vitória o bastante.

Keeley e Rollins estavam na escola, cheios de curativos. Fiquei surpreso com sua tranquilidade. Eles até me encararam, mas, de certa forma, me ignoraram. Não se falou mais nada sobre repetir o jardim de infância. Talvez minha mãe tivesse feito uma queixa oficial contra eles.

Apesar da minha pequena vitória, eu fiquei ainda mais isolado, evitado por todos — inclusive por meus irmãos. Podia até ter vencido uma batalha, mas certamente não ganhei a guerra. A vida continuava terrível naquela maldita escola.

***

Uma semana depois, meus irmãos e eu estávamos indo almoçar em casa. Lado a lado, nós sacudíamos nossos tacos de *hurling*, rindo e brigando como de costume. Até que estancamos em total estado de choque.

Uma van cinza estava estacionada em frente de casa, com Major e Rex presos lá dentro, arranhando as paredes de metal, latindo. Era a carrocinha.

"Pare!", nós gritamos, correndo em direção à van. Ao nos ouvir, os cães ficaram malucos, arranhando a lataria com força redobrada, seus latidos cada vez mais frenéticos. Mas antes que pudéssemos alcançá-la, a van se afastou lentamente do meio-fio.

Estávamos desesperados e corremos o mais rápido possível até emparelharmos com a janela do motorista. "Soltem nossos cachorros", gritamos para o homem. Talvez ele parasse, se soubesse o quanto amávamos aqueles cães. Mas ele apenas olhou através do vidro, antes de acelerar.

Aceleramos a corrida e berramos ainda mais alto conforme perseguíamos a van, martelando suas portas traseiras com nossos tacos de *hurling*. Os cães ficaram ainda mais desesperados. Ao ouvi-los arranhando o metal em busca de uma saída, senti meu coração se rasgar.

John e Andrew voltaram correndo para perguntar à mamãe o que estava acontecendo. Eu já sabia. Rex e Major seriam sacrificados por terem atacado os professores, e era tudo culpa minha. Keeley, Rollins e Crowe haviam conseguido sua vingança.

De alguma maneira, consegui me arrastar para dentro de casa. Minha mãe estava na cozinha, chorando. John e Andrew nem olharam para mim. As lágrimas corriam por seus rostos.

Meu coração batia sem controle. "Eles vão ser mortos?"

Mamãe levantou os olhos para mim. Estavam vermelhos de tanto chorar. "Sim. O diretor conseguiu uma ordem do juiz para sacrificar os cachorros porque eles são perigosos", falou em voz baixa. Ela desviou o olhar de mim.

Meu coração murchou de tanta culpa. Havia apenas um motivo pelo qual aqueles dois cães magníficos estavam a caminho da morte: eu. As palavras de Charlie Clarke voltaram para mim. "O problema com a maioria das pessoas, quando se trata de animais, é que elas não pensam nas consequências." Era como se eu estivesse matando Major e Rex com minhas próprias mãos. Andrew e John não conseguiam me olhar. Nunca me senti tão sozinho na vida. Nunca me odiei tanto.

***

Mamãe foi inflexível. "Você tem de voltar para a escola, *Mááártin*. Mostrar aos professores que não será derrotado." Eu estava devastado demais para discutir.

Keeley esperava o meu retorno alegremente. Olhando direto para mim, bateu palmas para chamar a atenção de todos. "Agora, classe", disse, de repente, fingindo um ar sombrio. "Eu gostaria que todos nós fizéssemos um minuto de silêncio em memória dos cachorros da família Faul, por favor."

Entorpecido, eu o vi baixar a cabeça zombeteiramente, como se estivesse honrando os mortos. Ficou assim por alguns minutos, com os olhos fechados e um sorriso maligno no rosto. Ele saboreava cada segundo de sua vingança.

A classe ria em silêncio. Alguns até mesmo o imitavam, com a cabeça baixa e um sorriso no rosto. Para Andrew, John e eu só restava observar Keeley, com repugnância.

Em honra de Major e Rex, buscamos nossa vingança logo depois da escola. Ficamos esperando por Keeley no estacionamento dos professores. Logo, lá estava ele, sorrindo através do para-brisa.

"Aproveite enquanto pode, seu bastardo", murmurei. Decidimos dar a ele uma experiência parecida com o terror que Major e Rex devem ter sentido na carrocinha.

"Vamos", disse Andrew. Demos um passo para ficar na frente de seu carro. Keeley freou bruscamente, derrapando. Em pânico, ele rapidamente ergueu os vidros das janelas, trancou as portas e nos olhou horrorizado.

Nós erguemos nossos tacos de *hurling* e atacamos a lataria do carro com toda a força possível. O barulho era horrendo. Nossos tacos explodiam contra o metal como se fossem tiros.

"Isto é por ter matado nossos cães!", eu berrei.

"Vamos lá!", gritou Andrew. "Usem os *hurleys* para dar o troco." Nós encaixamos nossos tacos sob o carro, tentando usá-los como alavancas.

Naturalmente, o carro era pesado demais para nós. Frustrados, começamos a balançar o Fiat com tudo, de um lado para o outro. O pequeno automóvel rangia e gemia a cada balançada. Lá dentro, Keeley estava lívido de terror. Nós estávamos quase acabando o castigo quando ouvimos um grito.

"Que diabo está acontecendo aqui?", era o diretor Crowe, que havia saído para o estacionamento para conferir aquela algazarra.

Não pudemos salvar nossos pobres Major e Rex, mas, em compensação, ensinamos uma boa lição para aquele sádico valentão. Faça o quiser conosco, mas não mexa com os cães que tanto amamos e respeitamos.

Quanto a Major e Rex, nada poderia remediar minha culpa sobre suas mortes. Eu tinha pedido a eles que lutassem uma batalha que era minha. Devia ter percebido o tamanho do perigo ao qual os expus. Eu havia sido egoísta. Pior de tudo: em vez de um guerreiro celta de verdade, eu só tinha conseguido agir como um covarde.

Capítulo 14
Matéria bruta

Não havia um dia sequer em que não pensasse no que tinha acontecido com Major e Rex, mas minha nova família canina constantemente me deixava alerta. Na verdade, a matilha estava prestes a aumentar, com a brusca mudança de Skitty para o celeiro.

O dia começou sem novidades. Estávamos todos deitados sobre o feno do celeiro de Joe Duffy, distraídos. Tínhamos nos instalado ali quase um ano antes, depois de permanecer mais tempo do que devíamos no celeiro de Padraig. Joe era outro tranquilo fazendeiro solteirão de Garryowen. Felizmente para mim, parecia ser meio surdo também. Os cães e eu contemplávamos mais uma tarde interminável se estendendo à nossa frente. Lá fora, a chuva atingia o telhado.

"Estou entediado, entediado, *entediado*!", gritei a plenos pulmões. "Vamos correr na chuva?", sugeri, esperançoso.

Ali perto, caíam relâmpagos e soavam trovões.

Os cães baixaram as orelhas e afundaram-se no feno como se dissessem *Não, obrigado*.

No minuto seguinte, uma vira-lata suja que nunca tínhamos visto esgueirou-se no monte de feno e disparou no meio de nós até o cantinho mais distante do celeiro. Todos nós vimos a cena, boquiabertos de surpresa. "Au!", latiu Mossy, com espanto. A cadela desconhecida sacudiu-se e deitou-se atrás de uma pilha de feno, fora de nosso campo de vista. De repente, meus cães correram na direção da recém-chegada, indignados por terem sido pegos desprevenidos.

"Deixa!", gritei. Houve protestos selvagens em forma de latidos até que finalmente consegui detê-los. Sentei-me no feno, segurando Mossy bem firme nos meus braços. Ele se contorceu, determinado a mostrar à intrusa quem era o cachorro que mandava no pedaço. "Chega!", ordenei. "Deixa ela!"

Mossy parou de lutar e ficou em silêncio.

Olhei para a cadela, encolhida ali no canto e senti que meu coração já pertencia a ela. Era uma mestiça de whippet, cujo corpo todo tremia. Magérrima, faminta e com grandes olhos aterrorizados.

Mais relâmpagos brilharam e trovões soaram, como se uma gigantesca bola de madeira estivesse rolando pelo céu. A chama de nossa vela tremulou, mas continuou acesa.

Chamei os meus cães para perto mim. "Venham aqui. Vamos deixá-la sozinha, para ela poder relaxar um pouco", eu disse. "Talvez ela nos procure quando se sentir pronta." Voltei para onde estávamos antes, sentei e bocejei, relaxado, até que os cachorros se deitaram em círculo ao meu redor.

"Vou contar uma história", anunciei. "É sobre como um menino guerreiro chamado Finn Mac Cool adquiriu grande sabedoria ao cozinhar um salmão mágico."

Os cães deitaram-se com os queixos apoiados nas patas dianteiras. Ouvir antigas histórias irlandesas sempre os fazia cochilar de tédio.

Olhei para onde estava a nova cachorra a tempo de vislumbrar seus grandes olhos castanhos, antes que ela, amedrontada, se escondesse no feno novamente.

Mal a vimos nos três dias seguintes. Ela escapava para furtar comida quando estávamos dormindo e se escondia o resto do tempo entre as pilhas de feno do canto mais distante. Como eu a ignorava, como se ela não existisse, meus cães decidiram ignorá-la também. Se percebesse os olhos castanhos dela me espiando sobre o feno, eu lentamente bocejava e, sonolento, fechava os olhos por um longo momento. Queria transmitir a ela que, com a gente, estaria segura. *Você está segura aqui com a gente. É só relaxar. Não precisa ter pressa.* Depois do terceiro dia, falei com o tom de voz mais calmo que pude: "Você é tímida, não é? Acho que vamos chamá-la de Skitty".

Skitty acabou ficando e se juntando ao nosso grupo, o que era incomum. Tivemos muitos novos cães passando por nossos celeiros, mas, na maioria das vezes, eles perturbavam todo mundo. "É como ter um hóspede indesejado que se instala no sofá", eu resmunguei certa vez. Houve o caso de um vira-lata extremamente irritante, chamado Billy, que ficou conosco por duas cansativas semanas. Ele definitivamente abusou da hospedagem. Ele vivia tentando farejar Missy de forma rude. Certa vez, foi tão insistente que Red — sempre o cavaleiro em armadura brilhante a defender sua amada Missy — botou o malcriado Billy para correr celeiro afora. Nunca mais o vimos. Depois de experiências negativas semelhantes, decidi não permitir que novos cães ficassem por mais de uma semana. É claro, era fascinante observá-los, mas eles invariavelmente causavam muito estresse quando ficavam sob nosso teto por muito tempo. "Blackie", eu me via repetindo sem parar, "pare de rosnar, deixe o novo cachorro em paz!".

Segundo as regras do mundo canino, todo calouro tinha de ingressar no degrau social inferior do bando e abrir seu caminho aos poucos, depois de vencer muitos desafios. Para nós, isso significava que tínhamos de aprender cada truque que o novo cão novo nos apresentava. "Ainda não tinha visto esse desafio" era a frase que eu usava quando o cachorro novato me impressionava com determinada habilidade e ganhava pontos na minha avaliação.

Satisfeito com o triunfo, o cão desfilaria sob o olhar de desprezo dos outros. Eu já tinha problemas o bastante para administrar qualquer drama adicional.

Eu me lembrava, então, de como disputava absolutamente tudo com meus irmãos gêmeos. "Sim, tudo bem, eu entendo", dizia, com um suspiro. "Mas vocês, cachorros, não podem me deixar fora disso?" Era impossível. Na condição de líder da gangue, meu trabalho incluía resolver quaisquer disputas.

Surpreendentemente, Skitty era feita de uma matéria mais bruta do que eu supunha. Podia parecer a cadelinha mais covarde do mundo, mas possuía uma teimosia férrea, que nenhum de meus cães conseguia dobrar. Logo descobri que ela era uma mestra manipuladora, uma diabinha insolente! Missy, claro, a odiava. Ela e Skitty, as únicas fêmeas do grupo, eram duas grandes divas de Hollywood em uma luta impiedosa para ser o centro das atenções.

"Olhe só para você, Skitty", disse a ela. "Está ganhando cada vez mais desafios. Só Mossy e eu estamos acima de você agora." Uma coisa que ela me ensinou foi como os cães podem ser bons atores. Ao observá-la, aprendi a ler a energia emanada pelos cachorros. Era a única maneira de saber se seu medo era simulado ou verdadeiro. A energia nunca mente.

Os cães tinham uma maneira de descobrir a verdade sobre ela: pelo cheiro. Com meu nariz humano com limitado senso de olfato, eu tinha de representar. "Humm, você está me desafiando, querida?", eu me curvava e fingia cheirar o ar perto da cauda de Skitty. Percebendo minha tentativa ostensiva de farejar seus sentimentos, ela rapidamente congestionava o rabo entre as pernas de modo a impedir que a verdade se revelasse. Ela estava apenas se fazendo de apavorada para ganhar muitos pontos. "Ahá!", eu dizia, "então você não está com medo, sua mentirosa. É só fingimento".

**

Acabei me tornando extremamente talentoso na leitura da energia de qualquer cão que eu encontrasse. Ainda mais surpreendente foi que também aprendi a ler a energia humana. Com isso, descobri a melhor armadura de guerreiro para me proteger. Eu finalmente encontrava a confiança para começar a me relacionar com crianças da minha idade novamente.

"Oi, tudo bem?", eu dizia timidamente para qualquer garoto de aparência amistosa que conhecia em Garryowen. A maioria respondia "oi" e começava a conversar. Conhecer outras crianças por meio do trabalho de entrega de carvão não era problema, uma vez que sempre me senti seguro com Brandon ao meu lado. Era com as crianças da cidade que eu me mostrava mais cauteloso — aquelas que eu não conhecia, a não ser de vista.

Eu já tinha sido destratado demais antes, sem motivo. No entanto, com minha nova habilidade de ler a energia humana, podia relaxar um pouco.

Pouco a pouco, fiz mais amigos. Os outros jogadores do time de *hurling* sempre foram muito receptivos, e também havia outras crianças legais por todo o bairro. Brandon fez um esforço verdadeiro para me apresentar a seus colegas de escola.

No entanto, continuava muito difícil conhecer uma nova pessoa. Quanto mais tempo passava longe de gente, mais eu *queria* ficar isolado. O afastamento de eremita era como uma droga. Minha privacidade tornou-se viciante. O suicídio de um garoto da região foi o que me fez perceber que tinha de mudar drasticamente a minha vida. O pobre coitado ligou um botijão de gás de *camping* a uma mangueira, pôs a outra ponta dentro de um saco plástico que amarrou à cabeça, deitou-se no chão e esperou a morte.

Não muito tempo depois, outro menino, muito deprimido e perturbado, morreu cheirando cola. Em uma das aspiradas, desmaiou. Ficou com o saco de cola preso ao rosto e acabou sufocado.

Quando soube dessas duas mortes, sentei-me com os cães no celeiro e tremi, abraçado com força aos meus joelhos. Eu conhecia os dois rapazes. "Ai, meu Deus", lamentei mais de uma vez. "Será que vou morrer assim? Sozinho num desses celeiros, cercado por vocês, cachorros, até alguém descobrir meu corpo?" Farejando o medo e a tristeza, os cães lamberam meu rosto para me tranquilizar. *Está tudo bem, Martin. Você está seguro aqui com a gente. Não se preocupe.*

Eu afagava as orelha deles em gratidão, sem parar de tremer. "Oh, Deus. Oh, Deus. O que seria de mim se não tivesse conhecido vocês, cachorros?" No fundo, eu sabia que poderia facilmente ter cometido suicídio, cheirado cola ou me afundado nas drogas. Esses cachorros maravilhosos tinham me salvado de todos esses perigos. Mas a verdadeira razão pela qual não conseguia espantar o medo era a impossibilidade de vislumbrar qualquer futuro para mim. Eu não tinha educação. Não possuía habilidades. Nenhum talento. Eu era apenas um menino selvagem de rua, e a única coisa que me mantinha a integridade de coração, mente e alma eram aqueles seis cachorros vadios. "Se vocês conseguem ver um futuro bom para mim, por favor, é hora de compartilhar isso comigo", disse severamente para eles.

Desesperado por conselhos de algum humano adulto, procurei Sean Fitz, um marinheiro mercante aposentado que veio morar em Garryowen depois de uma vida de viagens pelo mundo. Eu o tinha conhecido recentemente por intermédio de Brandon. Parecia sempre paciente o bastante para me ouvir.

"Nossa, Sean, o que vai acontecer comigo? Continuo sonhando que vou acabar morto em algum celeiro, sem que ninguém sequer perceba durante várias semanas", confessei, remexendo a manga de meu casaco. "Não consigo encontrar uma saída."

Sean era um sujeito experiente. "Nunca se sinta como se estivesse preso para sempre numa situação horrível que você não pode mudar, Martin." Ele deu uma baforada em seu cigarro e acendeu um para mim. "Você só é diferente das pessoas daqui. Nem pior nem melhor — só diferente. Ainda vai encontrar um lugar no mundo onde vão entendê-lo melhor. Só não vai ser por aqui. Não entre em pânico", afirmou ele. "Vá embora de Garryowen quando achar que é a hora certa. Vá ver o que o resto do mundo tem a oferecer."

Eu sabia instintivamente que era o conselho certo para mim. Agora eu tinha um rascunho de plano para o futuro. Um dia, partiria e viajaria para outro país em busca de uma nova vida. Mas, então, o que eu faria com os cães?

***

O desastre aconteceu um mês depois, quando Fergus desapareceu.

Nos dois primeiros dias de sumiço, tentei ignorar aquela voz miúda sussurrando dentro de minha cabeça. Muitas vezes, Fergus saía sozinho para caçar ratos e coelhos selvagens. "Daqui a pouco ele volta, como sempre faz", disse para os cães, numa tentativa de tranquilizar a mim mesmo.

Eles se mantiveram inquietos, olhando pela porta do celeiro.

No terceiro dia, fiquei desesperadamente preocupado. "Vou procurar por ele", decidi. "Não consigo suportar essa espera nem por mais um minuto."

Como chovia muito, os cães se recusaram a sair e se molhar, de modo que vaguei sozinho ao longo da ferrovia, todo encharcado. Verifiquei todas as valas, todos os campos, todas as cercas. Vasculhei todo o distrito.

Finalmente, deparei-me com seu corpo num campo. A chuva havia lavado seu corpo, mas ele obviamente tinha sido baleado por uma espingarda de cano duplo de um fazendeiro. Seu corpo branco se esparramava pela grama, salpicado de buracos negros. Seu pelo estava limpo, mas estranhamente achatado. Era uma sensação estranha vê-lo sem vida. Meu coração começou a se dilacerar e a naufragar na dor.

Ele estava morto.

"Ah, Meu Deus! Fergus, não!" Caí de joelhos ao lado dele e mordi meu lábio inferior com força para não chorar. Aquele cachorrinho incrível tinha partido! Corri meus dedos trêmulos ao longo de sua bochecha e por seu focinho longo e cômico, coberto de penugem branca. "Preciso que você volte", eu disse, esfregando os olhos com raiva. Por que um animal tão feliz e alegre como Fergus tinha de morrer?

Devastado, enterrei o corpo perto da ferrovia, sob alguns arbustos, e coloquei um pequeno monte de pedras para marcar o local. Depois, cambaleei de volta para o celeiro, incapaz de parar de chorar. Os cães se reuniram em volta de mim, empurrando uns aos outros enquanto se revezavam para sentir o cheiro da morte e do sofrimento.

"Você me fez rir muito", murmurei olhando para o feno e lembrando meu querido, meigo e curioso cachorrinho. Quando me sentei, vi que os outros cães tinham começado a brincar de pega-pega. Estavam disputando entre si, alegremente. Será que não se importavam com o fato de que Fergus havia morrido? Supostamente, deveriam estar tristes, mas sua atitude parecia dizer *a vida continua*. "Que gentil da parte de vocês", disse, sarcasticamente. "É assim que vocês ficariam se eu morresse?" Aquele era um pensamento preocupante.

***

Dias depois, eu ainda não havia me livrado da tristeza e do trauma. Os cães agiam como se nada de anormal tivesse acontecido, e eu me sentia completamente traído. Um dos nossos estava morto! E eu era a única pessoa no mundo a pensar nele?

"Preciso ver a mamãe" foram as palavras que me saíram da boca. Acho que era a primeira vez que eu dizia isso em voz alta. Só havia uma coisa que eu poderia fazer. No dia seguinte, teria de me esgueirar para dentro de casa enquanto mamãe estivesse sozinha por ali. Eu precisava desesperadamente vê-la, sentir seu conforto e aconchego. Ela entenderia a importância de Fergus para mim.

Foi surreal percorrer o caminho para casa. Quando ela abriu a porta, seus olhos se arregalaram de susto. De repente, fiquei tímido, sem ideia do que dizer. Ouvi um gemido e olhei para baixo, surpreso. Dois jovens pastores-alemães esbarraram em minhas pernas. Eram lindos, com enormes patas e grandes orelhas de lobo.

"Oh! Eles são incríveis! Quem são?", perguntei, ajoelhando-me para acariciá-los.

"Captain e Major", disse ela. "Seu pai me deu de presente."

A menção a Major despertou uma indesejável onda de culpa em mim. A lembrança ainda era muito recente e triste.

Vi como ela estava nervosa, então me ergui sem jeito para abraçá-la. Ambos nos sentimos como estranhos. Nenhum de nós sabia como agir ou o que dizer.

Mamãe quebrou o silêncio. "*Mááártin*, é muito bom ver você aqui. Obrigado por ter vindo me ver." Ela se inclinou outra vez, beijou meu rosto timidamente e me levou para dentro.

Sentamos no sofá, um em cada ponta, e só ficamos olhando um para o outro.

"Você veio para casa para ficar, *Mááártin*?", ela sussurrou.

Gostaria de poder dizer o que ela desejava ouvir, mas não queria mentir. Não havia hipótese de eu voltar para casa.

"Um de meus cães morreu", contei e respirei fundo. "Seu nome era Fergus. Ele era... um cachorro tão bom. Sinto falta dele." Fiz uma pausa para recuperar o fôlego. "Mas os outros cães nem se importam com a morte dele. Eu queria vir para ver você. Precisava."

Ela olhou para mim gentilmente e balançou a cabeça, dando um tapinha no lugar do sofá ao lado dela. "Vem. Senta aqui comigo. Vamos assistir à TV juntos, está passando meu programa favorito. Assim a gente relaxa para poder conversar."

Nós nos sentamos juntos e eu olhava para a tela, mas todo o tempo o que realmente absorvia era a sua presença. Seu cheiro familiar. A colônia francesa, que eu conhecia de cheirar um pequeno frasco de sua penteadeira, anos atrás. Sua energia calma e firme. Seu calor. Minha mãe.

Ela era o alicerce de nossa família. A cola que mantinha tudo funcionando naquele lar. A loura princesa nórdica que acabou vivendo uma vida muito diferente daquela com a qual provavelmente havia sonhado. Ela era uma mulher incrível, e eu a admirava demais.

Quando o programa de TV acabou, ela desligou o aparelho e virou-se alegremente para mim. O show tinha sido como uma injeção de adrenalina em seu corpo, e o brilho estava de volta em seus olhos azuis. Pelo menos naquela vez não havia nenhuma criança destruindo sua paz, e tínhamos tempo para conversar. Era mais um momento precioso para desfrutarmos juntos, como a noite em que a observei assando o bolo Floresta Negra.

"Posso falar um pouco sobre Fergus?", perguntei.

"Sim, *Máááartin*. Conte-me."

Depois que terminei, ela me abraçou apertado, e quase me desmanchei em seu abraço. Como eu poderia ficar forte e independente com ela me segurando daquele jeito? Por fim, eu me afastei, esfregando os olhos com força.

Ela enxugou as próprias lágrimas. "Estive conversando com os médicos sobre sua hiperatividade", disse ela em voz baixa. "Entendo como a escola deve ter sido difícil para você", prosseguiu. Então, mamãe revelou que já não se sentia tão exausta. As crianças estavam mais velhas e mais independentes, e papai tinha começado a frequentar as reuniões do AA.

"Ele parou de beber."

Então, era verdade. Eu tinha ouvido rumores.

"Ele é um homem bom agora", falou ela. "Ele nunca deveria beber. Deixa de ser ele mesmo quando bebe... Você vai voltar para casa agora?"

Meu coração derreteu ante seu olhar silencioso e suplicante. "Talvez", eu disse, estendendo minha mão para segurar a dela. "Em breve, mas não agora." Eu tinha muitas perguntas que precisava responder antes de decidir voltar para casa. Será que poderia desistir da minha liberdade e independência? Conseguiria viver sob o mesmo teto que tantos seres humanos? Mais importante: o que faria com todos os meus cães?

"Desculpe, mamãe", murmurei contra seu ombro quando lhe dei um abraço de despedida. A culpa roía minhas entranhas como um rato. "Vou pensar em voltar para casa em breve. Prometo. Só me dê um pouco de tempo."

No fundo, eu sabia que ainda precisava muito de meus seis cães, e eles certamente também precisavam de mim. No entanto, aquela visita tinha sido uma coisa boa. Enquanto caminhava de volta ao celeiro, senti os passos mais leves do que o habitual. A porta de casa estava aberta, se eu quisesse voltar. A pergunta era: eu poderia realmente voltar a viver com os humanos?

Capítulo 15

Cada vez mais selvagem

Quando ainda estava em casa, percebi o quanto estava me tornando cada vez mais selvagem. Não tinha como evitar. Depois de Major e Rex terem sido sacrificados por me protegerem do senhor Crowe e do senhor Keeley, minha vida tinha mudado totalmente. Minha família era forçada em todas as direções e não podia mais resistir à minha insolência, mas eu não tinha como evitar. Eu era muito infeliz.

Certa manhã, eu perambulava sozinho pelas vielas de Garryowen quando um rapaz apareceu para me encarar.

"E aí, seu anormal?", disse ele. Meu coração afundou. Era Nane, um dos três valentões que tinham pintado a suástica na nossa casa. Ele sorriu, ficando ainda mais feio do que o habitual. "Você continua o mesmo magricela perdedor de sempre, não é mesmo?", zombou.

Olhei-o nos olhos. De jeito nenhum eu deixaria de revidar. "Magricela, é? Pois o magricela aqui deu uma boa lição na última vez que nos vimos", respondi, com calma. Ouvi um barulho atrás de mim e me virei. Era o comparsa dele, Ger, parecendo ainda mais feio. Os dois riram juntos e senti os cabelos da minha nuca se arrepiarem. Os garotos eram alguns anos mais velhos que eu e, definitivamente, maiores e mais fortes. Eu me perguntava onde estaria Malarky, o líder deles.

De repente, senti uma explosão de dor nos meus rins. Eu me dobrei, com os meus braços torcidos sobre as costas, totalmente imobilizado. Levantei o olhar direto para os olhos cintilantes de Malarky. Nunca o tinha visto mais radiante.

Ele riu e cuspiu na minha cara. "Olá, Faullie. Estava querendo bater um papo com você."

Nane e Ger torceram meus braços mais forte, até que eu tive medo de ouvir meus ossos estalarem.

Eu fiquei apavorado, mas não deixaria de modo algum que Malarky percebesse meu medo. Além disso, estava acostumado a apanhar dos professores e do meu pai — será que eles podiam me dar uma surra ainda pior? Não havia muita pancada que eu já não tivesse suportado até aquele momento.

Malarky olhou para Nane. "Você tem certeza de que esse é o cara certo?"

"É ele, sim. Ele tem uma mancha branca esquisita na parte de trás da cabeça. Ele é o filho da puta que zoou você."

Malarky deu um sorriso que fez minha pele arrepiar. O olhar dele era assustador e estranho. Quanto mais calmo parecia, mais terror ele inspirava. Acendeu um cigarro e soprou a fumaça na minha cara. "Quer ouvir uma história engraçada, Faullie? Era uma vez três pequenas aberrações, e seu papai era Adolf Hitler."

Ger e Nane riram.

"Os três magricelas anormais nasceram na Irlanda e irritavam todas as outras crianças. Um dia, o mundo decidiu que seria um lugar melhor se um deles... tipo assim..." — fez uma pausa e sacudiu ombros — "morresse".

Nervosamente, vi Malarky caminhar até a cerca, ao pé da qual havia uma corda jogada no chão. Ele a pegou e ergueu, para me mostrar que havia um laço armado em cada extremidade.

"Sim", ele continuou. "É uma história com final triste. Para começar, havia três pequenos Faullies e, logo em seguida, sobraram... dois."

Lutei com todas as minhas forças para me desvencilhar, mas eu não era forte o bastante. Simples assim.

Os três garotos me arrastaram através do portão de um quintal nas proximidades. Assim que chegamos lá dentro, eles me empurraram e acabei estatelado de cara no chão. Então, começaram a me arrastar de novo. Eu estava começando a ficar entorpecido com o choque. Não podia ser que eu estava prestes a morrer. Eu estava em um quintal qualquer de Garryowen. Aquilo não podia ser verdade. Em poucos segundos, o choque passou. Aquilo, de fato, era bem real. Em minha alma, tomei uma decisão. Com certeza, eu não facilitaria o serviço para eles. Se eu ia morrer, então eu não ia morrer como um covarde.

O laço da corda passou sobre minha cabeça e começou a apertar o meu pescoço. Fui arrastado para uma árvore no meio do quintal. Ninguém mais ria. Tudo o que ouvia eram grunhidos enquanto eles me arrastavam. A corda em volta do meu pescoço apertava cada vez mais. Meus pulmões lutavam para absorver o ar, e meus olhos inchavam em suas órbitas.

Nane e Ger me seguravam enquanto esperavam que Malarky lançasse a ponta da corda sobre um dos galhos da árvore.

"É isso aí", ele ofegava, com a voz rouca. "Tragam o pirralho para mais perto." Eles me arrastaram um pouco mais e, então, começaram a me içar.

"Puxem!", gritou Malarky.

A corda passou a arder como fogo ao redor do meu pescoço. Eles arfavam novamente. Meus pés deixaram o chão, e eu quase desmaiei. Meu pescoço parecia prestes a estourar.

"Vamos embora!", berrou Malarky. "Deixem o esquisito aí. Corram!"

Balancei, suspenso, em um lento movimento circular. *Estou pendurado numa árvore pelo pescoço*, falei para mim mesmo. O pensamento era louco, mas a dor, agonizantemente real.

Não havia ninguém por ali para me salvar. Meus dedos freneticamente agarravam a corda, mas o peso do corpo me puxava muito para baixo. Ergui a mão e senti a parte de baixo do galho. Estiquei meu braço mas agarrei o ar. De algum modo, incrivelmente, meus dedos se encaixaram em torno do galho e consegui me suspender. Assim que recuperei as forças, afrouxei o laço no pescoço e aspirei uma boa lufada de ar após outra. Joguei a corda fora como se fosse uma cobra venenosa.

Depois de um tempo, cambaleei para casa. Deitado na cama, com o corpo enrolado como uma bola, fiquei tremendo por horas.

Andrew e John chegaram e ficaram horrorizados ao verem meu pescoço ferido e inflamado. Era óbvio que alguém tinha tentado me enforcar. Em pânico, correram e contaram tudo para mamãe. Mesmo ela tendo me implorado, eu me recusei a contar quem tinha feito aquilo.

Ela chamou a polícia, mas ainda assim não contei nada a ninguém. Sabia que se Andrew e John descobrissem a verdade partiriam direto para a briga com Malarky, Ger e Nane. Só Deus sabe o que eles seriam capazes de fazer. Eu me preocupava mais com a segurança dos meus irmãos do que com vingança.

***

As coisas ficaram ainda piores quando roubei o dinheiro do aluguel da bolsa de mamãe.

Eu a encontrei junto à mesa da cozinha, balançando o corpo para frente e para trás enquanto olhava para a bolsa vazia. "Ah, meu Deus, o que é que eu vou fazer?" Eu nunca a tinha visto tão chateada. Seu rosto era apenas pavor. Eu a observava enquanto sentia a vergonha revirar meu estômago.

"Você pegou o dinheiro, não foi?", ela perguntou, sem voltar a cabeça para mim.

Desconfortável, mudei o peso do corpo de um pé para outro. "Bem, o papai tira dinheiro de sua bolsa o tempo todo", eu disse, de mau humor. "E torra tudo em bebida. Você deve estar acostumada com isso. De qualquer forma, você sempre encontra um jeito de pagar o aluguel."

Olhei para ela e vi o sentimento de desamparo que a esmagava. A pior parte é que não teria como devolver o dinheiro, pois já tinha gastado tudo. Tinha passado o dia me sentindo um homem adulto, comprando barras de chocolate, maços de cigarros e garrafas de sidra para todos os meninos do bairro. Cheguei até a distribuir notas de dinheiro para alguns deles. Eu estava tentando comprar suas amizades, mas não funcionou. Eles tomavam o que queriam de mim e, então, riam na minha cara. "Obrigado, Faul, mas nem assim gostamos de você. Ainda não entendeu? Você é esquisito e burro. Ninguém nunca vai gostar de você." Foi uma das coisas mais patéticas que eu já fiz. Agora era hora de encarar as consequências.

Mamãe ficou olhando para a bolsa vazia. O silêncio era bem pior que seus gritos. Ela sequer se dignou a me olhar. Calmamente, fechou a bolsa. "Vá para o seu quarto. Espere lá."

Papai chegou em casa do trabalho. Ouvi os dois conversarem baixinho na cozinha e, em seguida, ouvi os passos pesados dele subindo a escada. Pela primeira vez, eu sabia que merecia o castigo.

Então, arrastei-me até a cama, exausto de tanto chorar. Ouvi sons abafados da minha família se sentando para jantar. Eu já sabia que quando meu pai terminasse sua refeição, viria para me levar para o depósito de carvão. Eu odiava aquele lugar, ainda mais agora que Major e Rex tinham ido embora.

Em meio às lágrimas, olhei entorpecido para a parede do quarto e vi as marcas de sapatos deixadas por nós, quando John, Andrew e eu lutávamos um contra o outro. Sempre achei aquelas marcas parecidas com um mapa-múndi. Ao longo dos anos, olhava para o mapa e sonhava com os lugares exóticos para onde eu poderia escapar.

Merda, por que ainda estou me aborrecendo por viver aqui? O pensamento deslizou pela minha mente sem aviso prévio. De imediato, foi acompanhado por outra ideia. *Por que não fugir?* O fôlego ficou preso na garganta. Não era uma ideia tão ruim, era? Certamente, qualquer lugar seria melhor do que minha casa. Quais as minhas perspectivas neste lugar? Mais inferno na escola, mais infelicidade em casa, mais noites no depósito de carvão e mais castigos. Eu não conseguia ver como as coisas poderiam melhorar.

Eu sabia que estava levando minha pobre mãe à loucura, já que era incapaz de parar de fazer bobagens. Ela estaria melhor sem mim. Mas será que eu podia realmente fugir? *Claro. Posso até sair agora, se eu quiser.*

Eu ouvia minha família lá embaixo, comendo, conversando e rindo. Eles só soavam descontraídos quando eu não estava por perto. A verdade é que toda a família ficaria melhor sem mim.

Tudo bem. Hora de fazer algo a respeito. Respirei fundo e, tremendo, como num sonho, caminhei lentamente em direção à janela e subi no parapeito. *Olhe para mim. Aqui estou eu fugindo de casa.* Deslizei até o chão segurando pela tubulação da calha, fui até a trilha de concreto do quintal e saí correndo portão afora.

Nunca mais vou voltar, jurei a mim mesmo. *Os seres humanos que se danem. Para mim, chega.* Daquele momento em diante, eu viveria segundo meus próprios termos, qualquer que fosse o preço.

Capítulo 16
De volta ao mundo dos humanos

A cada vez que eu me aventurava pelo mundo humano novamente, como acontecia nas partidas de *hurling* com os Saints aos domingos, começava a me sentir como se tirasse férias dos cachorros. Por algumas preciosas horas, eu podia deixar de lado a responsabilidade de tomar conta deles para me dedicar ao jogo que tanto amava.

Quando vencemos o impasse que vinha se desenrolando durante um eletrizante empate contra o Monaleen, eu fiquei exultante.

"Brilhante! Parabéns! Vem beber com a gente, Martin?", perguntou meu irmão John.

"É claro", respondi, correndo ao lado dele. "Vamos festejar *pra valer*." No entanto, enquanto ouvia John falar sobre o jogo, eu não conseguia parar de pensar nos cachorros.

Senti meu estômago se contrair de nervosismo. Será que o fazendeiro tinha saído armado no encalço deles? Estávamos morando no celeiro de feno de Tom Clancy, e, uma vez que ele não era surdo como Padraig e Joe Duffy, eu me preocupava de os cachorros latirem quando ficassem por conta própria. Eles eram ótimos durante o dia, mas à noite, quanto mais eu demorasse para voltar, mais eles se inquietavam — e latiam.

Minha consciência me incomodou. Eu tinha de voltar para casa em vez de sair para beber com o time. *Pense no que aconteceu com o pobre Fergus*, adverti a mim mesmo. *Você não quer que Tom atire nos cães.*

"Martin! Aqui! Venha tomar uns tragos com a gente!", convidou o capitão da equipe, erguendo uma garrafa de sidra.

Foda-se. "Já vou!", gritei e corri, ignorando minha culpa. Eu estava cansado de me preocupar com os cães o tempo todo. Sentia como se eles fossem seis albatrozes ao redor do meu pescoço. Cruel, mas é verdade. Por que deveria me sentir tão culpado só por querer fazer alguns amigos humanos?

O time todo me cumprimentou com empolgação. "Excelente, Martin! Senta aqui. Que jogaço, hein? Quer uma bebida?"

"Sim, obrigado", disse alegremente, aceitando a garrafa. Tomei um gole e a passei para o companheiro de equipe sentado ao meu lado. Os risos e as conversas giravam em torno de mim e eu estava adorando aquilo. Os cachorros que se danassem, era hora de eu me divertir.

Nós nos sentamos em roda, comemorando por horas enquanto esvaziávamos uma garrafa depois da outra, contávamos histórias e comemorávamos nossa vitória. Eu estava no céu. Eu estava prestes a contar mais uma história engraçada quando o rapaz ao meu lado se levantou.

"Para mim chega, rapazes", anunciou ele. "Amanhã tem aula, e já está ficando tarde."

Todo mundo também começou a se levantar e a recolher as coisas.

Ainda sentado, olhei em volta, surpreso. "Ei! Para onde todo mundo está indo? Achei que estávamos nos divertindo." Senti aquele meu velho pânico de volta. *Por que estou sendo deixado para trás de novo?*

"Desculpe, Faullie. Tô meio cansado. Foi um grande jogo. Até o treino da próxima semana, hein?", disse o capitão do time.

Observando os outros meninos se afastando, a verdade me atingiu como um balde de água fria. Todo mundo tinha uma casa para onde voltar, menos eu. De repente, o celeiro de feno e os cães não pareciam suficientes. Armei rapidamente um sorriso no rosto e respondi: "Sim, sem problemas. Até o treino da próxima semana, então. Tchau."

"Eu não quero voltar para o celeiro", falei em voz alta subitamente, depois que todos tinham ido embora. Marchando com relutância para o celeiro de Tom Clancy, travei um diálogo áspero comigo mesmo. "Do que diabos você está reclamando, Martin? Você ama os cães. Eles são a sua família agora. E o celeiro não é tão ruim assim." Conforme eu me arrastava para a propriedade de Tom, atravessando o campo sob o luar, uma voz dentro de mim disse: *Seja honesto. Os cães estão começando a aborrecer você.*

Meu estômago começou a revirar outra vez. Por um lado, eu me sentia como se estivesse traindo os cachorros da pior maneira possível. Por outro, não conseguia parar de pensar em todas as coisas que estava perdendo por causa deles.

As vacas estavam deitadas no campo, com seus amplos dorsos brilhando elegantes ao luar. "Está tudo bem, meninas", murmurei ao passar por elas. "Só eu." Eu tinha andado tanto por aqueles campos que os animais já me conheciam bem.

Aquela noite havia sido um lembrete nítido de quanto os humanos podem ser divertidos. Sentia muita saudade de uma conversa interessante e inteligente sobre qualquer assunto, de história a política. Eu queria compartilhar casos engraçados e brincadeiras com outros garotos da minha idade. Eu queria conhecer garotas.

Ao chegar ao celeiro, eu estava extremamente inquieto e irritado, sentindo-me mal na minha própria pele. Conforme escalava até o alto, minha frustração aumentava. Olhei em volta depois de acender a vela proibida, como de costume. "Merda, este lugar é um lixo."

Os cães saltaram para fora do feno para me cumprimentar. Taciturno, olhei para eles se juntando ao meu redor, pulando uns sobre os outros para me lamber e me cutucar com as patas.

"Tudo bem, tudo bem", murmurei. "Mas não estou no clima agora." Houve um tempo que eu teria achado que os cães estavam sendo maravilhosamente afetuosos. Naquele momento, eu via as coisas de modo diferente. "Aaaagh! Por que vocês, cachorros, são tão vidrados nessas brincadeiras estúpidas? Quem se importa com quem está no comando? Deixem-me sozinho!", esbravejei. Passei através do cerco formado por eles e me sentei no feno, com as costas apoiadas na parede, de braços cruzados. Eles não paravam de me importunar, então ergui o queixo, virei a cabeça e bocejei. Em outras palavras: *Está tudo bem. Eu ainda estou no comando.*

Estou calmo agora, e não há nada de errado. Vão embora e relaxem. Não precisam ficar me testando.

Todos se recolheram, mas cada um deles manteve o olhar atento sobre mim.

Puxei uma camada de feno grossa sobre meu corpo e fechei os olhos com força. Com um suspiro, eu os abri novamente. Pobres cães, eu era o centro de seu universo. Eles odiavam me ver tenso ou raivoso. Bocejei alto e apaguei a vela. "Vão dormir agora. Amanhã eu estarei bem." As caudas deles balançaram no feno. Tive de encarar a verdade. Eu estava cercado por cães que me amavam, mas pela primeira vez o amor deles me sufocava.

***

No meu novo estado de espírito de inquietude, na noite seguinte fui ao matadouro de Brendan Mullins para alimentar os cães. Enquanto lançava os pedaços de carne podre para o lado de fora da cerca, considerei as opções daquela noite. *Bem, Martin, você pode voltar ao maldito celeiro com os cães e enlouquecer de tédio ou pode ir dormir na casa de um amigo.* Estava começando a ficar claro para mim que eu tinha alternativas. Eu podia fazer o que queria! Joguei o último pedaço de carne para Blackie e avisei: "Desculpe, cachorrada, mas vou dar o fora. Tenho uma visita a fazer".

Curiosos, os cães colaram em meus calcanhares enquanto eu caminhava pela linha ferroviária. Já tinha decidido onde passar aquela noite. Recentemente, eu tinha feito amizade com a família Bourne, especialmente com o filho deles, Neil. Ele havia me oferecido várias vezes um sofá para dormir, e eu finalmente decidi aceitar a oferta.

Dispensei os cães na linha ferroviária, ordenando com severidade que fossem para casa. Não consegui evitar o estúpido frio na barriga que me invadiu enquanto caminhava para Garryowen.

Os Bournes moravam em uma graciosa casa de estilo eduardiano, com uma janela semicircular sobre a grande porta da frente e uma varanda com pilares laterais. Eu não imaginava que fosse tão bacana. "Devem ter muita grana", murmurei para mim mesmo.

Ao tocar a campainha, eu me lembrei de Neil dizendo que sua família já tinha sido rica porque seu pai trabalhava como homem de negócios nos Estados Unidos. A viúva tinha voltado para Garryowen e morava lá com seus três filhos. De nossos poucos encontros na rua, eu sabia que os Bournes eram excêntricos. Para começar, eram socialistas apaixonados. Descreviam minha vivência com os cães no celeiro como "maravilhosa". E diziam que o meu duro estilo de vida era "uma declaração poderosa contra todos os porcos capitalistas".

Para falar a verdade, eu achava que eles eram meio malucos.

A porta abriu. "Oi, Martin. Por favor, entre." Era a senhora Bourne, vestindo um quimono de seda. Em sua lânguida mão, ela segurava uma piteira que sustentava um grosso cigarro enrolado à mão. Na outra mão, havia uma taça de gim. Como de costume, ela estava completamente encantadora. "Por aqui, querido, siga-me. Os meninos estão na sala de estar tentando acender a lareira. Sem muito sucesso, receio." Ela me conduziu através de ambientes bem decorados, com pé-direito alto, belas janelas cobertas por cortinas luxuosas, cadeiras forradas de seda e sofás. Aquarelas e lindas pinturas a óleo de paisagens pontilhavam as paredes.

Notei alguns elementos estranhos, como o pôster de Che Guevara sobre a lareira. Havia outros espalhados pela casa, de John Lennon, Martin Luther King Jr., Jimi Hendrix e Led Zeppelin.

Tudo o mais parecia caro, mas decadente. Havia teias de aranha penduradas nos cantos do teto e nos lustres. Em cada superfície plana havia garrafas vazias de sidra e taças de gim. Eu estava acostumado com a sujeira, claro, mas não em um lugar tão rico. Mamãe teria sofrido um ataque cardíaco instantâneo naquele lugar.

Neil e seus irmãos, John e Rory, amontoavam-se em volta da lareira. Senti um tremor súbito e percebi que a sala estava gelada, mais fria ainda do que lá fora.

Meu Deus! Meu celeiro é mais quente do que aqui, pensei. *E eu que achei que ia desfrutar de uma noite de luxo em uma casa de verdade...*

Os rapazes me receberam com sorrisos acolhedores. "Olá, Martin!", disse Neil. "Que bom te ver! Venha ajudar. Acender esse fogo está dando um trabalho danado."

Eles tinham sotaque de gente rica e usavam boas roupas, que pareciam um tanto gastas, como o resto da casa. Neil me passou uma garrafa de sidra.

Agora começamos a falar minha língua, eu pensei, feliz.

Neil sorriu de volta. "Isso vai ajudar você a se esquentar. Quer ajudar? Não estamos conseguindo mesmo acender o fogo."

Examinei a tentativa patética deles. Tudo o que tinham era um toco desprezível de carvão. Aquilo dificilmente se acenderia.

"Desculpe", riu Neil, "Charlotte não pagou a conta, e nosso gás foi cortado". Ele sorriu para a mãe. "Mas comprou seu estoque semanal de gim e *smoke-lolly*, ao invés, não é mesmo, querida?"

A senhora Bourne levantou o cigarro volumoso e a taça de gim e sorriu. "A vida é muito curta; é melhor a gente aproveitar", respondeu.

Levei um momento para perceber que Neil tinha se referido à mãe pelo nome. *Charlotte*. Mamãe teria me cortado a orelha se eu ousasse fazer o mesmo. Olhei para os meninos, confuso. "Hmm.. o que é *smoke-lolly*?"

"Maconha", disse Neil sobre o ombro, enquanto cutucava o carvão. "Nós compramos dos motoqueiros aqui de Garryowen."

O irmão dele jogou um saco de papel para mim. "Toma. Enrola um para você."

Olhei para o saco, desnorteado. Não tinha ideia do que fazer. Neil preparou um baseado e, em seguida, a mãe dele estendeu seu isqueiro de ouro Dunhill. Pensei que não poderia ser muito ruim, já que a senhora Bourne também fumava. Dei umas tragadas, aspirando profundamente.

Eca! Era como fumar um punhado de grama. Virei a sidra goela abaixo antes que eu morresse de tanto tossir. Minha cabeça girava. Será que as pessoas realmente fazem isso para relaxar? O piso inclinou-se estranhamente, de modo que desabei na cadeira mais próxima. Che Guevara cambaleou por cima de mim, sorrindo de um jeito bizarro.

Ninguém notou. Estavam todos ocupados enrolando novos baseados e estudando como transformar aquele pedaço de carvão em fogo. Não conseguiam chegar a um acordo.

"Estou com fome", anunciou a senhora Bourne, decidida. Ela se virou para Rory. "Seja bonzinho, querido, e ponha uma batata na panela para o jantar."

"Desculpe", Rory rebateu. "Não vai rolar. Você se esqueceu de pagar a conta do gás. Não temos gás."

John soltou anéis de fumaça, pensativo. "Tive uma ideia. Por que não colocar a batata *dentro* da chaleira? Daí, botamos a chaleira em cima das brasas. Vai cozinhar do mesmo jeito."

Neil balançou a cabeça. "Não vai rolar. Este pedaço maldito de carvão não acende, então a chaleira não vai ferver."

Eu ri. Aquela família certamente amava a frase "Não vai rolar".

"O problema é", comecei a falar com cuidado, pois sentia meus lábios entorpecidos. "Você tem apenas *um* pedaço de carvão. Para fazer um fogo decente, precisa de mais do que isso." Os três garotos e a senhora Bourne olharam para mim com respeito.

Ela ergueu a taça na minha direção. "Você está *profundamente* certo, Martin. Vejo que você é um verdadeiro intelectual. Bem-vindo!"

Os três rapazes levantaram os punhos cerrados na direção do pôster de Che Guevara. "Muito bom. Todo o poder ao Martin!"

Não tinha ideia do que estavam falando, mas, de repente, senti um desejo intenso de comer. "Você se importa se eu pegar alguma coisa para comer?"

Neil sorriu, feliz, e deu um soco no ar. "Faça isso, Martin. Todo o poder a você!"

Fui tropeçando até a cozinha e abri a geladeira. Não havia nada dentro dela para se comer, em nenhuma das prateleiras — literalmente nada. Então, investiguei cada armário e cada uma das gavetas. Não havia comida na casa, com exceção de três batatas cruas. *Isso é loucura. Incrível, mas todo mundo que vive aqui é louco.*

Voltei cambaleando para a sala de estar. "Tenho que ir para casa", murmurei. "Preciso dar comida aos meus cães."

Os garotos Bourne sorriram e ergueram os punhos cerrados no ar, envoltos por nuvens de fumaça azeda. "Todo o poder ao Martin!"

"Faça isso mesmo, querido", falou a senhora Bourne, pausadamente.

Neil me encarou com os olhos inchados. "É isso mesmo, meu irmão. Não permita que o sistema domine você."

Conforme tropeçava pelas ruas escuras de Garryowen, pensava na casa que eu tinha acabado de deixar e na charmosa, bem-educada e definitivamente excêntrica família Bourne. Eu não teria sobrevivido uma única noite lá. Era como assistir à civilização se desintegrando lentamente no caos. Minha mente começou a clarear com o ar frio da noite à minha volta. "Uau, cachorros, está tudo perdoado. Não tenho certeza se estou pronto para viver com os humanos, ainda."

***

Poucos dias depois, recebi meu salário de entregador de carvão e me senti eufórico. "Que tal a gente comer peixe com batatas fritas?", perguntei aos cachorros. Eles abanaram a cauda, em sinal de emoção. Sabiam o significado daquelas palavras.

Eu já não me preocupava com a sobrevivência no mundo real depois de ver como a excêntrica família Bourne vivia. Certamente, não me sairia pior do que eles. Desde que Brandon me arranjara um emprego, eu sabia que poderia comprar comida com meu salário. E provavelmente poderia viver com as pessoas, se tentasse.

Mas que diabos eu faria com os cães? Olhei para eles conforme caminhávamos apressados. "Será que vou viver algemado a todos vocês até que cada um acabe morrendo?", resmunguei. Eles apenas sorriram de volta para mim e esperaram pacientemente na ponte ferroviária, enquanto eu me dirigia para Garryowen.

Comprei uma enorme porção de peixe e batatas fritas e fiz uma parada, a fim de aproveitar um pouco daquilo em paz, antes de voltar para os cães e enfrentar seus olhares gananciosos e suplicantes. Eles ainda conseguiam me manipular como uma marionete.

"Hummm, senhor Ford, hoje o senhor se superou", gemi ao dar uma mordida em uma batata frita douradinha. Devo dizer que me senti muito satisfeito comigo. *Olhe só para você, Martin. Comendo uma comida deliciosa, e tudo pago com seu próprio salário.*

Um vagabundo passou por ali, empurrando um carrinho de madeira velho com rodas de bicicleta. Era Old Tommy. Apesar do apelido, não era um homem realmente velho. Apenas parecia ser. Ele sorriu para mim e contorceu os dedos nus na minha direção. Eram amarelados, com manchas de tabaco e sujos de terra.

"Boa noite, Martin. Hora de jantar?", ele perguntou alegremente. "Estou indo pegar o meu." Ele piscou. "No lixo, atrás da loja."

Sorri educadamente, mas assim que ele virou a esquina dei o fora correndo, com o embrulho de jornal com a comida contra meu peito. *Ai, meu Deus. É o que vai ser de mim? Eu ia acabar como Old Marty, o vagabundo excêntrico com seu bando de vira-latas?*

Tommy parecia feliz, mas havia outros vagabundos em Garryowen que definitivamente não passavam a mesma impressão. Eram apenas velhos de costas curvadas, que bebiam demais e não paravam de resmungar sozinhos. Aquele pensamento me apavorava. Estava na hora de pensar a sério sobre o meu futuro.

***

Meu melhor amigo, Brandon, também estava preocupado. "Vamos, Martin. Não seja bobo. O tempo está começando a ficar frio novamente. É hora de voltar para casa", ele disse, certa manhã.

Nós estávamos a caminho de buscar o carro e Neddy.

Resmunguei. Normalmente, eu diria para deixar de ser chato, mas, pela primeira vez, eu o escutei. Ver Old Tommy tinha me abalado.

"Vamos lá", Brandon pediu. "Você sabe que é a coisa certa a fazer. Seu pai largou a bebida. Está indo às reuniões do AA."

Resmunguei de novo. Diziam na cidade que Mick Faul abandonara o álcool e tinha voltado a ser aquele cara charmoso e original.

Brandon me deu um tapinha nas costas. "Eu vou calar a boca, Martin. Mas esta é a verdade. Você está matando sua mãe por ficar longe assim. Você tem de ir para casa. E Bobby disse que quer falar com você."

Bobby Mack era o homem que eu respeitava mais do que qualquer outra pessoa em Garryowen. Ele havia feito uma greve de fome em apoio à causa irlandesa e acabou na prisão por causa de suas crenças. Era considerado um herói em nossa região. Só encerrou sua greve de fome quando as autoridades o libertaram.

Eu hesitei. Sabia que mamãe e ele eram amigos. "Tudo bem", disse, relutante. "Eu vou."

Quando fui vê-lo, a mãe de Bobby, a senhora Mack, abriu a porta da frente e me levou até a sala de estar. "Martin está aqui, amor", ela anunciou.

Bobby estava assistindo à TV. Olhou para mim piscando. Estava ficando cego por causa do tempo passado na prisão. Seu corpo nunca se recuperou de fato.

A senhora Mack mostrou-me uma poltrona. "Sente-se, Martin, querido. Vou trazer chá e sanduíches."

Olhei para mim mesmo. *Que horror!* Eu estava sujo como um espantalho. Diante daquela poltrona, impecável, decidi permanecer de pé. Não queria estragar um móvel tão bacana. Bobby me encarava com um sorriso gentil.

"Como vai, Bobby?"

"Muito bem, Martin." Sua aparência, no entanto, dizia o contrário. Tinha o corpo curvado e os ombros encolhidos. Ninguém acreditaria que aquele homem, no passado, tinha mais de um metro e oitenta de altura. Seu cabelo, antes castanho e espesso, tornara-se cinzento e ralo. Suas mãos grandes e elegantes eram coisas mortas retorcidas, apoiadas sobre os braços da cadeira. Apenas o rosto e os seus olhos castanhos e gentis ainda guardavam uma velha faísca, que os iluminava.

"Que bom", eu disse, sem jeito. Era sempre um pouco chocante ver Bobby.

"Desligue o televisor e sente-se, Martin", pediu ele. "Minha mãe não se importa com um pouco de sujeira."

Sentei-me e pude sentir a adorável energia calma de Bobby me envolvendo, embora parte de mim quisesse resistir a ela. Eu odiava a sensação de estar sendo pressionado por todos a voltar para casa. Era difícil para mim não revidar à pressão, uma vez que eu havia passado a vida toda sendo intimidado. "Bem", eu disse alegremente. "Sei por que você me chamou aqui. Devo ficar e cuidar dos cães, ou devo ir para casa? Acho que tenho de respeitar sua opinião, Bobby." Para ser honesto, estava um pouco chateado com ele. Esperava mais apoio por parte dele em relação à minha posição de independência. Pensei que Bobby entenderia a minha necessidade de viver com os cães. Afinal, ele tinha ido para a prisão por causa de seus princípios.

Seus olhos castanhos fitaram os meus e, com um choque de surpresa, vi que ainda havia um núcleo de resistência de aço neles. Bobby se inclinou para a frente. Podia parecer frágil, mas ainda havia muita determinação ali. "Martin, você está disposto a ouvir alguns conselhos bem-intencionados?"

Concordei, impaciente. "Claro."

"O modo como trata sua mãe é uma desgraça. Você deveria se envergonhar profundamente disso. Ela está muito preocupada com você."

Fiquei olhando para os meus pés, chocado. Eu não esperava por aquilo e fiquei magoado e confuso com o julgamento embutido em sua voz. De repente, tudo o que queria fazer era levantar e sai correndo pela porta.

Antes que pudesse fugir, a mãe de Bobby voltou para a sala. Ela segurava uma grande bandeja de prata e obviamente tivera um trabalho enorme para preparar um bom chá matinal para mim. Havia um prato de sanduíches cortados em forma de triângulos perfeitos e um enorme bolo de laranja com sementes de papoula. Na bandeja, o bule de chá de porcelana fina estava acompanhado de guardanapos de linho, duas xícaras e belos pratinhos. "Vamos lá, Martin. Não me decepcione. Fiz um lanchinho para você. Por favor, fique e coma."

Eu não era tão grosseiro a ponto de ir embora, por isso colei um sorriso no rosto e fiquei onde estava, enquanto ela se movimentava em torno de nós, servindo o chá e arrumando a comida em um pequeno prato para mim.

"Aqui está! Acho que com isso você consegue espantar sua fome até o chá da tarde", anunciou ela alegremente.

O que mais eu poderia dizer? "Obrigado, senhora Mack. Tudo parece delicioso." Era impossível não gostar dela. Ela tratava a todos com respeito, não importava quem fosse. Olhe para mim, por exemplo. Um menino de rua maltrapilho soltando fiapos de feno e sujeira em sua melhor poltrona. E ela me tratava como se eu fosse o convidado mais importante do ano.

Bobby bebeu um pouco de chá. "Ouça sua consciência, Martin", ele disse. "Como pode uma matilha valer mais do que sua mãe? Pense nisso. Quero dizer: pense nisso *para valer*. Eles são animais de rua, são capazes de sobreviver por conta própria. E nada impede que você, vivendo em sua casa, continue caminhando pela ferrovia para alimentá-los."

"Mas..."

Ele levantou um dedo. "Não, Martin. É hora de parar de falar sobre honra e de começar a agir com honra. Neste momento, você está apenas mentindo para si mesmo."

Bebi meu chá em silêncio, sem olhar para ele. Meu estômago tinha um nó. Era sempre assim quando eu me sentia culpado. Eu sabia que ele estava certo. Nos últimos três anos, quando qualquer pensamento sobre mamãe surgia em minha mente, eu simplesmente o ignorava. Eu certamente não me sentia orgulhoso pelo jeito como a tinha tratado.

Bobby ficou mudo, dando-me tempo e espaço para pensar. Um relógio soou suavemente sobre a lareira.

Era *mesmo* hora de pensar na mamãe. Ela era uma mulher em um país estrangeiro, sem parentes por perto para ajudar, fazendo o seu melhor para criar oito filhos e fazer seu casamento sobreviver. Sete de seus filhos estavam completamente felizes em casa. Eu tinha sido o único a não me encaixar. Foi provavelmente por causa do meu TDAH, mas isso não era culpa dela. Quanto ao meu pai, ela tinha conseguido até combater seu lendário alcoolismo.

Quando decidiu que eu já pensara o bastante sobre mamãe, Bobby me serviu mais chá. "Martin, você fala muito sobre isso, mas *realmente* quer crescer e se tornar um homem honrado?"

Eu olhei para ele, magoado. "Você sabe que sim."

"Então, eu acho que este é um dos momentos de sua vida em que você tem de decidir qual a coisa realmente digna a se fazer. Já passou da hora de crescer. Você tem de se livrar dos maus hábitos que põem em risco a sua honra. Como mentir, roubar e não cumprir promessas. Você sabe do que estou falando. Será que essas coisas fazem você se sentir orgulhoso de si mesmo?"

Tentei interromper, mas Bobby Mack tinha um jeito todo próprio de retalhar minhas velhas desculpas. "Há outra razão pela qual não quero ir para casa", admiti, hesitante. "Se eu voltar, vou sofrer ameaças. Acredite em mim, Bobby, era absolutamente horrível." Era a primeira vez que eu admitia a alguém que não fosse um cão como havia sido difícil suportar toda aquela perseguição implacável contra mim. Todos — incluindo Andrew e John — sempre acreditaram que meu comportamento de durão me fazia invencível. Percebi que havia algumas lágrimas estúpidas escorrendo nos cantos dos olhos, e esfreguei com gestos furiosos.

Bobby olhou gentilmente para mim. "Ah, os valentões. Sim, eles sempre estarão por perto, não importa aonde você vá." Ele provavelmente tinha provado disso em sua temporada na prisão. "Você quer saber como tornar esse tipo de perseguição completamente irrelevante?", perguntou.

"Sim, é claro que quero."

"Decida pelo que você vai lutar e defender até a morte. Esse é o segredo. Uma vez que resolver isso, ninguém neste planeta poderá intimidar você, não importa o quanto tente. Sabe por quê?"

"Não."

"Porque os valentões não suportam pessoas que acreditam em uma coisa com tanta convicção a ponto de se disporem a morrer por ela. Isso os deixa assustados."

"Não entendi."

"Acredite em mim, Martin. Os valentões são atraídos pela fraqueza. Assim que percebem nas pessoas fragilidades como confusão, timidez e insegurança, eles atacam como abutres sobre a carniça." Ele acenou com a cabeça e continuou. "Lá no fundo, os valentões são as pessoas mais assustadas do mundo. Quanto mais metidos a valente, mais medo têm de que alguém descubra o que se passa por dentro deles. Cada vez que atacam alguém e descobrem que causaram algum dano, sentem-se menos impotentes. É quase como um vício para eles. Quanto mais consomem, mais precisam daquilo."

Pensei em todos os valentões que eu conhecia e percebi que ele estava certo.

Bobby olhou direto nos meus olhos. "Então, trate de descobrir o que desperta sentimentos fortes em você e comece a se levantar para defender suas crenças." Ele ergueu o dedo novamente. "Porque *esse* é o momento emocionante em que você deixa de ser vítima e começa a irradiar força. Não se preocupe: assim que sentir sua confiança, os valentões vão derreter. É como uma armadura invisível, e isso só fica mais forte conforme você envelhece."

Eu acreditei nele. Bobby Mack tinha sofrido muito mais do que eu, e pelas mãos de pessoas muito mais brutais. Era hora de fazer a coisa verdadeiramente honrada e parar de magoar a minha mãe. Eu encontraria um meio de lidar com os valentões, seguindo o conselho de Bobby.

Eu o encarei e respirei fundo. "Tudo bem", disse baixinho. "Você me convenceu. Vou voltar para casa e ver como vai ser. Mas você me faz um favor? Só me deixe decidir quando devo fazer isso."

***

Naquela noite, eu me sentei sobre o monte de feno de Tom Clancy e, olhando através das portas abertas do celeiro, observei o campo. A noite estava linda e calma. Uma lua cheia pintava tudo de prata.

As palavras de Bobby tinham me emocionado profundamente. Seu senso natural de honra era muito forte e contagiante. Depois de falar com ele, eu não podia deixar de querer me tornar a melhor pessoa possível. "Bobby, você faz a palavra 'honra' ter um significado verdadeiro", disse em voz alta no silêncio. Os cachorros descansavam no feno, coçando uma ou outra pulga.

Os cães são naturalmente muito honrados, também, pensei. Lembrei-me de todas as vezes que eles agiram de modo honrado comigo. Foram pacientes quando eu não entendia sua linguagem, seus costumes e suas regras. Continuaram se importando comigo e sempre tentavam fazer com que eu me sentisse membro do grupo, não importava o que eu fizesse.

Recordei todas as vezes que sentimos fome, frio e tristeza juntos, e eles nunca se queixaram. Ao contrário, revelavam-se otimistas e felizes em me ver sempre que eu voltava para casa, ainda que de mãos vazias. "Tive sorte de conhecer vocês, não é?"

Todos abanaram a cauda ruidosamente no feno. Era tudo o que eles sempre quiseram — que eu fosse feliz. Aquilo inspirava humildade.

Pensei nos pobres Major e Rex, que me protegeram com suas vidas e foram letalmente punidos por isso. Pensei no doce Fergus, que sempre me animava para espantar a tristeza. Pensei em todos os outros cães que tinham sido tão companheiros e acolhedores ao longo dos anos. *Por que os cães são tão honrados?*

"Vocês são capazes de encontrar felicidade nas pequenas coisas da vida, não é? Um osso. Uma palavra de carinho. Um cafuné atrás da orelha. Vocês querem tão pouco de mim, não é mesmo?"

Passou pela minha mente um comentário que, certa vez, Tige Kelly fez a respeito de um homem. "Ele tem uma verdadeira generosidade de espírito", ele disse. Agora eu entendia o significado disso. Os cães têm uma generosidade de espírito natural. Desde que eu conheci meus cachorros, eles davam tudo de si para mim — o dia todo, todo dia. Quando estava cercado por eles eu podia ser eu mesmo, e eles generosamente me davam tudo o que de melhor tinham para oferecer:carinho, atenção, proteção e sensação de pertencimento. Tudo isso em troca de quase nada.

Não havia a menor possibilidade de eu ser a mesma pessoa se tivesse vivido nesses celeiros de feno com seis meninos em vez de seis cachorros. Essa constatação dizia tudo.

Os cães tinham me ensinado a ser honrado com eles. Eu não os roubava. Nem os enganava. Nem os provocava. Nem os intimidava. Nem mentia para eles. Sentia orgulho de quem eu era quando estava em sua companhia. Admirava os muitos sacrifícios que tinha feito por meus companheiros.

Agora Bobby Mack me dizia que era hora de demonstrar a mesma honra para as pessoas importantes em minha vida. Eu sabia que não havia escolha, não se eu quisesse gostar de mim mesmo.

"Muito bem, Martin. Você ouviu Bobby. Você sabe o que tem de fazer: voltar para casa por causa da mamãe." Meu coração começou a bater mais rápido. *Merda. Eu não acredito nisso. Estou indo mesmo para casa.*

Os cães estavam alheios aos meus sentimentos. Nunca os tinha visto assim, tão relaxados e contentes. "Mas só Deus sabe como é difícil ir embora e deixar vocês todos para trás", murmurei num suspiro.

Brandon veio no dia seguinte. Sentou-se ao meu lado no feno e fez carinho nas orelhas dos cães conforme eles apareciam para cumprimentá-lo. "Vamos lá, Martin. Não há motivo para adiar isso por mais tempo. Bobby me disse que conversou com você ontem. Vim para levar você para casa."

Assenti com a cabeça. "Preciso levar os cães para uma última caminhada", consegui dizer. Havia lágrimas contidas em meus olhos. Eu estava muito triste, como se um grande buraco estivesse se formando dentro de mim, crescendo a cada respiração. Tropecei nos meus próprios pés.

"Você está bem?", perguntou Brandon.

Sacudi a cabeça atordoada, em sinal positivo. Sentindo algo incomum, os cães correram para mim. Farejaram o ar em volta de meu corpo com delicadeza, tentando entender o que acontecia. Caudas, queixos e orelhas baixavam cada vez mais enquanto seus olhares buscavam decifrar meu rosto. Virei-me para Brandon. "Encontro você em algumas horas. Quero um tempo para me despedir deles."

"Claro", ele concordou, com calma. Brandon entendia o que os cães significavam para mim.

Sentindo-me um traidor, eu tranquilizava meus amigos com afagos em suas orelhas. "Vamos lá. Vamos dar uma caminhada." Quantas vezes eu tinha dito aquilo? Agora, eu me via como um Judas mentiroso.

Devemos dar um último escorregão coletivo palheiro? Por que não? Eu me joguei e deslizei para baixo rapidamente, e então me virei para ver os cães correrem no meu encalço, engraçados como sempre. Assim que meus pés tocaram o chão, senti mais lágrimas se acumulando, mas eu não queria chorar. Eu não era mais um bebê.

Eu já sabia o caminho a seguir: ao longo da ferrovia para o mais longe de Garryowen que pudéssemos.

"Vamos lá!", disse, meio rindo, enxugando ferozmente os olhos. "Quero fazer este passeio muito divertido." Os cães se espalharam ao meu lado, felizes por eu não estar mais agindo de forma estranha. Caminhamos por pelo menos duas horas, e fiz de tudo para tornar aquela a melhor de nossas caminhadas, arremessando gravetos para eles irem buscar, incentivando-os a perseguir coelhos e exibi-los para seu próprio orgulho.

Eles foram os mais magníficos amigos que qualquer garoto poderia ter.

Pa.

Red.

Blackie.

Missy.

Skitty.

Haveria espaço a ser preenchido por Fergus, caso ainda estivesse conosco.

E, claro, o primeiro cão a me adotar, o engraçado e mandão Mossy.

Percebi o quanto eles tinham me mudado. Quando os conheci, eu era arisco como um coelho. Um moleque carrancudo, irritadiço, sempre na defensiva, que se achava uma aberração. Pior: alguém que se sentia como o garoto mais burro do mundo.

No entanto, essa matilha muito especial me salvou. Eles me ensinaram a me comunicar melhor, a ser mais calmo, mais responsável. Me ajudaram a descobrir a paz, a honestidade, a confiança e a esperança.

Respirei profundamente. "Venham. Está na hora de voltar." Relutante, comecei a caminhar de volta para Garryowen. Os cães correram para me acompanhar. Subitamente, descobri como mostrar minha gratidão de uma forma que pudessem compreender — fazer algo especial para marcar esse último retorno de caminhada.

"Vamos correr!", gritei. Eles latiram de emoção enquanto corriam atrás de mim. Eu exalava gratidão. Por causa daqueles cães minha vida nunca mais seria a mesma. Agora eu era Martin, o garoto que conversava com cães.

Corremos até que eu pudesse ver a ponte ferroviária lá na frente. Era o limite do território deles, o ponto além do qual não podiam ir. Engoli em seco enquanto meus pés desaceleravam até parar. "Cães, aqui", chamei. Eles derraparam até estacionar e olharam para mim, com as línguas penduradas para fora.

Abaixei-me e dei um tapinha no chão. Senti as lágrimas brotarem e mordi meu lábio inferior com força. Era isso. Hora de dizer adeus. "Isso, Mossy. Bom menino. Olá, Missy, Pa, Red, Skitty. Sim, você também, Blackie. Venham aqui. Quero dizer uma coisa para vocês." Sentei-me no trilho de metal e deixei que lambessem meus olhos e bochechas enquanto eu chorava.

Eu estava deixando a Gangue dos Cachorros Sujos para trás. Foi a coisa mais difícil que já tive de fazer. Fiz o meu melhor para explicar, mas era impossível. A linguagem deles simplesmente não tinha as palavras para aquilo que eu sentia.

Brandon me esperava pacientemente nos fundos do galpão. Ele me deu um tapinha no ombro quando finalmente apareci.

Eu não conseguia conter as lágrimas que continuavam escorrendo. É claro que eu voltaria à ferrovia todos os dias para alimentar os cães e ver se estavam bem, mas não seria o mesmo que viver com eles.

"Venha até aqui", disse Brandon gentilmente. "Você vai ter de se lavar antes de ir para casa, Martin." Ele abriu uma torneira. "Melhor ficar um pouquinho mais limpo para sua mãe. Olhe. Trouxe sabonete e toalha." Ele sorriu, tentando me animar. "Você está cheirando um pouco como um bicho selvagem. Quando foi a última vez que se olhou no espelho?"

Eu não conseguia lembrar. Nem me importava com isso. Eu estava entorpecido demais pela tristeza dos cães.

Brandon pegou uma tesoura. "Pelo menos, deixe-me aparar seu cabelo."

A cabeleira emaranhada passava dos meus ombros. Restos de galho, feno, lama e minúsculos fiapos de cobertor rasgado se escondiam entre os fios. Eu parecia pior do que um vira-lata. Mas sacudi a cabeça, em sinal negativo. Manter meu cabelo seria o meu último e precioso símbolo de independência e um lembrete de como havia mudado e tomado conta de meu próprio destino. "O cabelo fica", eu disse.

Brandon deu de ombros. "Tudo bem. Parece um caipira selvagem. Mas e eu com isso?" Ele me ajudou a me lavar e, em seguida, deu um tapinha em meu ombro. "Certo, é o melhor que posso fazer. Pelo menos, sua mãe vai reconhecer você agora." Ele me deu um abraço. "Vá em frente e não me decepcione voltando para os cães."

Respirei fundo e tomei o caminho de casa. Eu deveria ter ficado nervoso, mas não fiquei. Desta vez, tudo parecia diferente. Eu estava pronto para enfrentar qualquer coisa que o mundo lançasse contra mim. Ameaças, agressão, crueldade, maus-tratos, nenhuma dessas coisas me assustava mais. Contanto que mantivesse minha honra e minha integridade, eu sabia que meu espírito permaneceria indestrutível.

Os cães de Garryowen tinham me ensinado direitinho.

Caminhei pelo portão e pela trilha de concreto. Olhando ao redor, percebi que nada havia mudado. Era como me deslocar através de um sonho antigo. Olhei para o meu quarto, acima da porta da frente. É onde *dormirei esta noite*. De repente, quase tropecei na minha mãe. Eu não tinha visto que ela estava agachada, cuidando do pequeno canteiro de flores que acompanhava a calçada. Seus olhos azuis se arregalaram em choque.

"*Mááártin?*", disse ela com seu sotaque, um pouco nervosa.

Minha boca não se moveu.

Ela parecia mais ansiosa do que eu. "Você voltou mesmo? Para valer?" Em sua voz havia tantas emoções — apreensão, esperança, desespero, felicidade.

Minha respiração parou conforme eu percebi quanta saudade ela havia sentido e quanto amor ela tinha por mim. Ela nunca tinha deixado de se preocupar comigo enquanto estive fora. "Sim, eu voltei." Essas três palavrinhas estavam carregadas de muito significado para nós dois.

Caminhando na direção dela, eu sabia que estava escolhendo me juntar ao mundo humano novamente. Só que, desta vez, eu estava preparado para qualquer desafio que aparecesse na minha frente. Meus cães vadios tinham me preparado para os possíveis obstáculos, e o futuro já não parecia assustador.

O grande sorriso de mamãe foi um belo presente. Eu sorri de volta. "É maravilhoso ver você, *Mááártin*. Vamos entrar."

QUER SABER MAIS SOBRE A LEYA?

Fique por dentro de nossos títulos, autores e lançamentos.

Curta a página da LeYa no Facebook, faça seu cadastro na aba *mailing* e tenha acesso a conteúdo exclusivo de nossos livros, capítulos antecipados, promoções e sorteios.

A LeYa está presente também no Twitter e Google+

www.leya.com.br

 facebook.com/leyabrasil

 @leyabrasil

 google.com/+LeYaBrasilSãoPaulo

1ª edição	Março 2015
Papel de miolo	Polén Soft 70g/m²
Papel de capa	Cartão Supremo 250g/m²
Tipografia	Sabon MT e Adobe Garamond